SPITZENTEAMS DER ZUKUNFT

so spielen virtuosen zusammen

顶尖团队

交响乐团式合作模式

里夏德·德霍普◎著
（Richard de Hoop）
李琪◎译

中国人民大学出版社
·北 京·

PERFACE

序 言

试问，你的团队发出的是什么样的声音？听上去像一曲水乳交融的弦乐协奏？抑或噪声一片？多年来我一直用音乐比喻团队，把它看作团队建设的灵感之源。我也一直沿用英国心理学家和管理专家梅瑞狄斯·贝尔宾首创的团队角色模式，并在此基础上发展出我自己的乐团理论，用不同的乐器来诠释贝尔宾的八种团队角色。你眼前的这本书是我就团队主题撰写的第二部作品。很高兴再次与你见面！

我的第一本书《团队交响力》（*Macht Musik*）同样由GABAL出版社出版发行。有兴趣的话你可以读一读。但不用担心，即使没有读过我的上一本书，也不会影响你对本书的理解；我会一步一步地为你讲解贝尔宾团队角色的基本知识。所以，我建议你从头到尾按顺序阅读本书，而不是跳跃式地翻阅。

在探讨未来顶尖团队这一主题的同时，本书也着眼于正在崛起的新经济。顶尖团队与新经济两者密不可分。未来的团队是灵活而机智的，它多才多艺，兼具协作精神和自我组织能力。只有这样的团队才能适应瞬息万变且充满无限机遇和可能的新时代。如果非要找一个形容词来定义未来团队，我认为这个词就是：技艺超群。

正如同技艺超群的音乐大师一样，未来顶尖团队的成员也具备了同样的非凡素质：通过终生勤练让自身天赋得到全面开发，能发现他人的潜能，并且随时随地都能调整自己，配合同伴。没有团队高手，未来的经济将难以运转。因为，未来的经济是迅捷而又复杂的，他席卷全球并且极具创新性。但是，面对这样一个未来无须心怀恐惧，反而应该欢欣鼓舞，这其中的原因就让我在书中一一道来。

本书一共分为五篇，第一篇探讨在经济节奏越来越快的情况下，只有团结合作才能稳步前行，而顶尖团队将发挥关键性作用。在第二篇里你将初步了解我的乐团模式以及贝尔宾的团队角色理论。已经看过我上一本书的读者，我建议你利用这一章重温贝尔宾学说。第三篇讲述的是，未来的企业与今天相比在运作上有哪些不同。在第四篇里我用八种不同乐器来演绎八个团队角色，论述如何从新手走向能手最终成为高手。最后，第五篇描绘的是如何组建精英团队，并通过对 4C 模式的介绍为团队的自我发展送上一件实用的工具。

愿本书能给你带来灵感和启发；预祝你在练习中获得乐趣、在实践中获得成功！

CONTENTS

目　录

第四篇　角色独奏曲

第五篇　终曲：梦之队

第一篇

序曲：变革时代

SPITZENTEAMS
DER ZUKUNFT
so spielen virtuosen
zusammen

数字化时代涌现出大量商业变革。“合弄制”模式正在颠覆等级制度；客户需求呈现多重性，广告不再有效，极致服务带来销量……这些改变都促使企业越来越依靠敏捷的自组织团队来赢得成功。未来的企业中将成长出大量的团队高手，他们将组成一个个快速响应团队，从各个方向猛烈冲击现有市场格局。

曲目 1

世界越转越快，你跟得上节奏吗？

> 只说速度的话，您真该去听听我学生的演奏。我有时候都跟不上他们。
>
> ——长笛演奏家毛里斯·施德格

一踏进 Set Point 的门我就意识到：这个地方毫无生机。没有让我愉快的音乐，也没有热情洋溢的店员迎接我。我环顾四周，没看出这间男装店和其他许许多多同类店面有什么不同。我实在不敢相信，这里曾经有过一支顶尖团队，每日工作得热火朝天！

打电话把我叫过来的那两位地区经理正尴尬地站在角落里。他们都是我的老朋友，双双一筹莫展。“里夏德，生意不行啦。”其中一位说道，他们最看好的员工早就陆续辞职。我们聊了四十五分钟，新任总裁突然过来。他此前就职于某国际奢侈品牌公司。“我说，这人在这干吗？”他一边低声问两位地区经理，一边瞟向我。

我和这位总裁进行了一场毫无建树的谈话。然后，他简短地告诉我，他从业多年，服装行业该怎么运转他早就一清二楚。于是我告辞走人。时隔不久，我就看见报纸上报道说，Set Point 公司破产了。今时今日一切都能发生得这么快，这不足为奇。

如果你看过我的第一本书《团队交响力》，应该对荷兰 Set Point 这个异常成功的男装品牌并不陌生。它旗下的 44 家连锁店不久前还开展了一系列的促销活动，大受欢迎。而如今顾客们全跑了，一去不回头。Set Point 当初被卖给了一家店面遍布全欧洲的大集团，结果五年之后就关门歇业。一家企业能这么快就倒闭，这在二十年前几乎是不可想象的。而让人更加难以置信的是：Set Point 在经营上没有出过任何重大失误，也从来没曝出过负面新闻。这家公司“只不过是”停止了自我发展而已。原本高度积极的团队后来被要求按照常规套路来经营业务；对扑面而来的新一波数字革命也毫无准备；而原来由员工维护的顾客关系也变成躺在服装集团客户管理系统里睡觉的一堆数字。这种种的失误在今时今日足以让一家企业骤然倒闭。

Set Point 的那位新任总裁是在公司被收购之后直接被委派上任的。在我看来，他代表的是旧经济世界。他穿着考究时尚，活像从公司的海报上走下来的。这本也无可厚非，在一个顶尖的团队里，人人都可以展现个人风格。但这位总裁实在让人难以亲近；就连在公司里走动，他也绷着脸像是模特在 T 台上走秀。他的思维是旗舰店模式的，他的世界是漂亮的门面和昂贵的广告。可是如今越来越多的人开始从网上订购衣物了。网购在德国刚刚兴起，在荷兰起步要更早，规模也更大。一间位于市中心的实体店铺对于顾客来说还有什么样的价值？它存在的理由又是什么？针对这些问题，旧经济往往给不出答案，甚至有人根本就不愿意费工夫去寻找答案。就像这位总裁。

新经济世界的代表者是诸如美国 Zappos 或是德国的 Zalando 这样的公司，它们强有力地颠覆了时装产业。而在金融界，Square 和 Indiegogo 等公司也纷纷崭露头角，借助这些平台，人人都能通过智能手机或是在网上出售创意赚钱。再来看看汽车行业，美国加州的一家新兴公司推出了电动汽车特斯拉（Model S）。这款豪华轿车在德国一家汽车杂志的测评中紧追保时捷的帕拉梅拉（Panamera）。而特斯拉并不只是一款常规豪华车，它还是一台使用了超前概念的电动汽车。

一家刚刚起步的公司就能造出一台和保时捷、宝马、奥迪不相上下的豪华车，甚至更环保，这意味着什么？这意味着，旧经济世界正在没落，未来已经展开。奥迪花了 30 多年才跻身世界一流汽车生产商之列，而特斯拉汽车公司在 2006 年才刚刚推出它的第一台车——一款两座敞篷车，Model S 只是这家公司的第二个产品。当德国尚在讨论电动车充电桩够不够用时，斯特拉公司已经干脆利落地给德国用户建好了专用充电桩。世界经济越转越快，你的企业有多快呢？

颠覆性企业迅捷冲击现有市场

美国创新研究专家、哈佛大学教授克莱顿·克里斯坦森在数年前就提到过颠覆性技术和颠覆性企业。当一项创新有可能完全取代现有的技术、产品或服务时，它就是颠覆性的。比如，数码相机面市后，胶片相机几乎绝迹。而在智能手机的拍照功能日益完善的今天，数码相机的市场占有率也在急剧下降。颠覆性的创新并不一定局限于新技术，它也可以是企业模式的变革。例如，在过去的 15 年里，廉价航空公司就逼得老牌航空公司濒临破产或不得不合并。

> 成功企业在资源配置、技术工艺、品牌与生产方面都占据优势，它们兼具管理经验和销售实力，还拥有雄厚的资金以及优秀的管理人员，即便如此，他们如果要开展不符合自身经营模式的业务，那也是难上加难。
>
> ——创新研究专家克莱顿·克里斯坦森

克里斯坦森在他 1997 年出版的新书《创新者的窘境》中提出过警示：许多从前的创新型企业将来有可能会跟不上市场。在他说这番话的时候，革新变迁还可以和缓地进行。而在将来，颠覆性企业会越来越迅捷地侵入现有市场，它们将利用新的技术、新的经营模式和新型服务翻转市场，甚或直接开辟全新市场。2007 年创立于德国的 Rocket Internet GmbH 就是个例子。该企业用最短时间复制了一套在美国运作成功的经营模式并推广到欧洲市场。Zalando，Groupon 以及 eDarling 等多家公司和 Rocket 齐头并进，在德国发展壮大起来。

当 Zalando 于 2008 年在柏林刚成立的时候，大多数零售商都认为人们不可能会在网上买鞋，因为没办法立即试穿。Zalando 用一则俏皮的广告予以反驳，当时的广告词是："喜欢就尖叫，不喜欢就退掉！"于是顾客们明白了，如果在家里试穿后发现鞋子不合脚就可以直接退货，简单又方便。没过多久广告词就简化成了"喜欢得尖叫"。有人说这是为了降低退货率。无论如何，广告传达的信息已收到了明显效果。有大批男士开始抱怨自己的妻子网购成瘾。在经营的第五个年头 Zalando 创下 11.5 亿欧元的销售额。接着，该公司又出人意料地开起了直销店面。这么一来就把网上业务和实体店销售再度结合起来。只不过，直销店只接待老主顾，要想进店购物必须先在网上注册。这样的形式是史无前例的。

新经济的一个典型特征就是不同元素的合理化全新组合。对网上销售和实体商店的取舍不再非此即彼，而是双管齐下！所以，铁路公司可以推出汽车和自行车租赁业务；

汽车制造商也会加入拼车服务的行列。而在接下来的数年里，我们还会看到不同的产品、服务以及销售渠道以最不可思议的形式进行跨界组合。我们将亲眼见证，从前的死对头携手联盟。举例来说，今天的生态型农业和综合型农业还彼此敌对，但专家们预测，将来两者会合为一体，生态种植法将与高科技紧密结合，农业工程师也将道法自然，这就是智能型农牧（Smart-Farming）。

新经济世界中的所有一切都离不开速度、灵活性、敏捷性以及智能互联。单个的员工、团队、企业、用户以及其他利益相关者将以越来越复杂的方式展开合作。从前需要几十年才能完成的事情，如今只需要几年；从前需要几年的事，现在仅需数月或是几周。如果你想了解特斯拉式的成功是如何做到的，那么你首先会触及外包和智能互联这些课题。因为即使是老牌汽车企业，80%的零部件也是通过外包生产的；这些零部件由博世、ZF或是Continental这样的供应商独立开发生产，而这些供应商又拥有各自的供货网络。

在未来，成功不再取决于资金、自然资源以及人力的最大化集中，而是取决于汇聚优异人才和高明创意的网络。谁能在最短时间内想出对策并有效整合最佳的人选、创意和资源，谁就胜券在握。未来将比今天更重视资源的节约，更推崇用小投入换取大产出。未来提出的要求将更加严苛，我们必须让自己更快更强，充分发掘自身的更大潜力。

数字化时代顾客具有双重需求

Set Point 本来具备跻身世界一流服装零售商的一切必要条件。在很早以前，这家服装连锁店就开始重视对未来最为重要的两项成功因素：顶尖的团队，以及活跃、积极的客户关系。特别是在名噪一时的促销活动期间，走进 Set Point 的顾客甚至会觉得，在这里工作简直就是天天开派对。各个团队小组之间也在相互竞争，看看在一周之内谁的销售量最高。不管是来自会计部还是 IT 部的员工，人人都参与进来。团队里每一个人的特长都能得到大家的重视，同事之间团结互助，这样一种特别的精神风貌使得整个企业在同行中独树一帜。

促销活动期间顾客不但可以开心购物，还能尽情享用免费的饮料和小吃。但深受顾客喜爱的并不仅仅是促销活动，Set Point 定期发出的最新信息也受到顾客的欢迎。公司的员工们都接受过专门培训，培训内容包括：要留意顾客的喜好；一旦有合适的新品就要积极主动地联系顾客。比如说，店里新到了一款衬衫，正好是某位顾客最喜欢的剪裁，而且还有适合他的尺码，那么员工就应该马上打电话告诉这位顾客。通过这种方式来维系客户非常地劳心劳力，但这样的付出能获得相应的回报。Set Point 有着极强的顾客凝聚力，因而从根本上来说它无须惧怕网上商店的竞争。试问，哪家电商会特意给用户打电话，只为询问对方有没有兴趣看看他心爱品牌的新款衬衫呢？

当 Set Point 被大集团收购之后就完全失去了它独有的精神风貌。仅仅六个月后就有人辞职不干。新的业主只着眼于效益。顾客再也接不到专门打给他们的电话；集团中心批量给顾客发送广告邮件，不分男女老少，全欧统一。经营方面的注意力也主要放在哪里还能节省资金、哪里还可以裁减冗员上。效益固然重要，但省钱应该省在刀刃上！创新研究专家克莱顿·克里斯坦森曾经提出了三种不同的创新类型：颠覆性创新、可持续性创新以及效益性创新（参见“洞见”）。

洞见

创新研究专家、哈佛大学教授克莱顿·克里斯坦森认为，创新有三个层面，这三个层面通常也是循序展开的三个阶段：

1. 颠覆性创新：这一类型的创新是具有“破坏性”的；新崛起的竞争对手开辟出全新市场或者颠覆现有市场。

2. 可持续性创新：这一类的改革带来的新技术或新经营模式能在市场上扎稳脚跟并能长远发展。

3. 效益性创新：新的技术或经营模式带来自身效益的提高。

每个企业都必须清楚：在什么时候需要什么样的策略？如果颠覆性创新正在搅动我的行业，那么光靠改善效益已不足以保证生存发展。

优化效益总是排在最后。首先应该确保新的技术和新的经营模式在市场中扎稳脚跟，保证两者的可持续发展，然后再来谈效益。在将来，如果一个企业只片面地追求效益而不去思索基本的变革，那它只会比今天垮得还要快。这样的企业，不去关心顾客未来的需求，也不思考应该组织什么样的队伍来满足这一需求，那么“节省”也无法阻止它们关门大吉。

在世界越来越数字化和匿名化的同时，人类也在更热切地渴求真实、积极的人际关系。未来的顾客有着双重需求：他们既追求高效便捷的技术，也向往真正的人际往来。新经济世界的精英企业懂得通过恰当的协调，让这两种需求得以兼顾：哪些任务需要一支顶尖团队去处理？哪些常规工作可以借助电脑和机器更快更好地完成？如何就这一类问题作出决断，不是技术问题，而是战略问题。举例来说，你给电信公司打电话想进行咨询，如果电话接通后听到的是语音应答，来来回回地说“如果您想这样，请按1号键，如果您想那样，请按5号键”，那你多半会火冒三丈。电信公司的这种做法虽然照顾了效益，却牺牲掉了公司与客户之间的人性化交流。而如果在这个环节中换上一支顶尖的客服团队，就能利用每一次与客户的联系获取大量商机。

同样，如果一家公司为了节约开支而停止邮寄账单，让顾客自己颇费周章地登录网站、下载账单，公司的确能够节省资金，但却把本该自己干的活都扔给了顾客。这绝不会是一桩好买卖。因为这样一来，公司失去了与客户的沟通交流，就难以掌握客户的情况和动向。而数字化的未来绝对不会是这副模样。人类始终更愿意和别人面对面地谈生意、面对面地买卖货品，充分利用这样的场合就能发掘出新的商机。

> 经常听到有人抱怨说：古典音乐会已经不受欢迎了，音乐在走向灭亡。但是当有才华的人尝试改变这一状况时，又常常被无视。我有时候觉得，有些人根本就不愿意改变现状。
>
> ——小提琴演奏家戴维德·迦勒特

前不久我想买一辆新自行车，于是逛进了一家传统老店。然而我发现店里的服务态度恶劣，完全不提供任何购物咨询。我摇头自问：“为什么不干脆从网上订一辆呢?”网上的价格也比商店便宜！这样一家实体店对顾客还有什么用处？这正是越来越多的商家需要面对的问题。所谓的体验店模式就是一项颇具新意的对策：商家开设少量的店面，为顾客提供查看实物和试穿试用的机会；同时安排一支精良的团队负责购物咨询、答疑解惑，同时受理客户投诉、退换维修等事宜；而商品则部分或者全部通过网络来进行销售；体验店可以受理顾客订货，在店内还会储备少量库存。

极致服务击败花哨广告

去年圣诞节来临之际，仿佛半数的荷兰人一时间都想要电脑、照相机或者智能手机作为圣诞礼物。当时电视台的重头新闻是：圣诞业务问题重重，商家难以满足所有顾客的需求。就连 Wehkamp 和 Bol 这样的老牌邮购商也供货艰难。许多订单无法受理，顾客恼怒异常。据电视新闻报道，当时只有一家公司没有收到过任何投诉，它就是 Cool Blue。我一点也不觉得意外，因为 Cool Blue 的经营管理好得超乎想象。当别的商家只是口头说说"顾客至上"的时候，Cool Blue 的顶尖团队已经把这一准则坚持不懈地落实到了工作当中。他们不仅向顾客提供尽善尽美的服务，还努力让顾客能乐在其中。仅仅在 2013 年一年 Cool Blue 的营业额就增长了 48%，公司在荷兰与比利时两国境内新增了 175 个就业岗位。它们是怎么办到的?

如果你从 Cool Blue 的网站订货，它们可以保证：在 23 点 59 分之前订购的货品，一定能在第二天免费送货上门。它们说到做到，物流堪称完美！与之同步的是，客服人员也会一直值班到 23 点 59 分。如果你对网上展示的商品有疑问，可以随时打电话咨询。这就是它们的又一个成功要素：拥有受过专业培训、能熟练解答所有关于产品以及售后问题的优秀员工。除此以外，它们还不忘创造娱乐趣味性。

为了搏顾客开心一笑，Cool Blue 不断地推陈出新，甚至专门成立了一个三人小组，工作任务就是想出更多更好玩的游戏节目。多棒的工作岗位啊！

我在 Cool Blue 订购过一款摄影机镜头，商品是装在一个印满了小笑话的蓝色盒子里送过来的。还没有开箱验货，我就已经忍不住咧开了嘴。盒子里除了镜头，还装了一些小玩意儿，其中有一张趣味卡片，可以送给我的邻居，用来感谢他代替我签收了包裹。这都是很小的细节，但细节的累积却能带来极大的不同。Cool Blue 公司后来决定改变纯网络的营销方式，开始与顾客进行面对面接触。现在 Cool Blue 已经在荷兰五大城市建立了实体商店。顾客可以选择从网上订货，第二天即可从实体店取货。

内观

试着问一问自己：在我的企业里，基础工作做到位了吗？从顾客的角度来看，企业团队的表现是否让人满意、让人找不到抱怨的理由？问问自己：我的团队和顾客之间的距离有多远？员工是不是贴近用户？是不是每一个团队成员都能领会：顾客看重什么？什么能给顾客带来乐趣？

Cool Blue 是传统业务和全新创意巧妙结合的典范。这种形式的融合是新商业世界的典型现象。作为众多销售商中的一员，Cool Blue 意识到，未来首要的一点就是基础工作一定要做到位。如果工作不到位，广告做得再花哨也没用。Cool Blue 公司从来不通过报纸、招贴栏或电视做常规广告，然而电视台却在免费宣传它一次次地赶超竞争对手。虽然公司并没有运用任何新型策略，但它合理利用自身资源优势，把精力集中在了正确的地方。合适的团队尤其重要。因为只有贴近顾客的精良团队才能了解什么对顾客真正重要。只有了解顾客，才能取悦顾客。

我经常应邀参加一些公司的年会，听过很多 CEO 的新年致辞。大多数的致辞都只涉及营业额、员工数量、盈利这一类的话题，几乎没人提起任何一桩出色的客户服务案例，也没人表扬过麾下团队的杰出表现。在旧经济世界里，管理人员最看重数据、资料和事实。而员工们往往认为，工作不过是必须执行的任务；对工作他们没有“我要努力干好”的想法，从未想过“我要做一些对顾客有意义的、让他们愉快开心的事情”，只考虑数字，把工作看成不得不完成的任务，这些都是旧世界的思维方式。用这样的思维应对正在形成中的新世界，必然捉襟见肘。

世界的确转得快多了。不久前我读到的一篇研究资料称，当今 40%的工种将在二十年之内消失殆尽。电脑和机器人将接手大量工作，而这些工作的数量是今天的我们所无法想象的。那么保留下来的将会是哪方面的工作呢？最主要的是那些涉及人际沟通的工作。经济将进入一个以人类和人类的才能为中心的新纪元。无聊、单调的工作将由自动化系统完成，这就为人与人之间的互通互助腾出更多空间。这将是多么美妙的一种进步！世界虽然越转越快，但只要我们不忘人类自身的优势，就不会无所适从。机遇已经到来！

回顾

- 年轻的、具有“破坏性”的企业在改变市场规则。它们反应敏捷、动作灵活。面对这样的对手，如果不进一步发展自身，将注定失败。
- 贴近客户的顶尖团队胜券在握。了解顾客需求的企业会在正确的方面进行变革。
- 未来不管在任何地方，基础工作是否到位都将起决定性作用。只有经营管理完善的商家才能吸引客户。与此同时，人际联络和往来将重新受到重视。

曲目 2

唯有携手互信才能“合弄”共进

> 生活就像是一块巨幅挂毯。被我们编织进去的千丝万缕，终将引领我们重新回到彼此身旁。
>
> ——流行歌手罗比·威廉姆斯

这是一根搅拌棒，一根用来搅拌咖啡的小塑料棍儿。杰·蒙恩把它举到我的眼前说：“你不觉得这是一件很疯狂的产品吗？我们使用它的时间只有三秒钟，它却需要大自然花费300年的时间去降解掉。”我赞同地点点头。没错，我们人类有时候的确很疯狂。

杰·蒙恩并不是环境保护主义者，他是一名企业家。他的公司蒙恩包装（Moonen Packaging）坐落在我的家乡韦尔特，是一家生产各类包装产品的大型供应商。公司也生产咖啡杯和搅拌棒。对杰·蒙恩来说，劝说所有人放弃使用这类一次性产品并不是个好主意，何况在短期内也行不通。

杰·蒙恩从事的这一行业向来被看作污染产业，但他想要做出改变。他的公司如今推出了环保型搅拌棒，以及不含石油产物的咖啡杯；在大型包装上它们也取得了进展。2013 年蒙恩包装公司被评为荷兰最环保企业。蒙恩讲求实际，他必须为市场服务。但他明白：只有当所有人都转变了思想，才能气象一新。只有携手才能共进。

小小一根搅拌棒可以让所有人明白，为什么只有携起手来才能继续前行。在我们面前摆着两条路：要么所有人共同追求以人为本、注重个人才能的经济形式。这种经济形式注重环保、节约资源，不会给子孙后代留下一个大垃圾场。在这样的经济世界中，广阔的市场和大量新工作岗位应运而生。要么我们放弃以上种种，大家只考虑自己、为自己谋求最大的便利，人人只顾眼前的利益。这样的话，旧的经济世界可以苟延残喘一段时日，但总会有一天它会因为这样或那样的原因彻底完蛋，比如当自然资源耗尽的时候。特别是石油资源，今天我们对它的依赖性还非常高，但将来我们不得不另寻他法。而像金属这样的原材料也并非取之不尽、用之不竭。甚至连沙子也在逐渐减少，如果没有沙子我们就没法用水泥建屋盖房。

不管在荷兰、德国或是其他欧洲国家，我碰到越来越多像杰·蒙恩这样的人。他们知道，墨守成规是行不通的。和先辈们不同的是，这一批人既不是空想家也不是革命者，他们是现实主义者。他们不搞抗议游行，而是从实处着手，一步一步地做出改善。他们并不孤军奋战，而是团结合作。在蒙恩包装公司的网页上写着这样一句话："作为您的合作伙伴，我们乐意分享我们的物流设施、市场知识和互联网络。"这样的口号反映了经济新生代的精神。经济在发展，从死守专利的"看门人"式，走向了分享自身资源和知识的"推动者"式；这并非出于无私的精神，只是因为，通过团结合作我们可以获取最大化的利益。

新的共享形式早已出现在各个领域。比如，从前的荷兰制造企业都会各自购置昂贵的机器和工具。为了在竞争中保持优势地位，还必须定期给这些机器和工具更新换代。而现在，越来越多的公司联合起来，集资购买价格昂贵的器具并共享。这一做法不仅节省了开支，也节约了资源。在欧洲的一些大城市里，共享汽车替代自己买车的做法越来越受欢迎。除了一些大集团提供这项服务之外，个人还可以通过互联网以收取租金的方式共享私家车。借助互联网，共享汽车即使在小城市和乡村也能实现。而邻里之间的共享共用，那就根本用不着互联网了。

消灭团队中的"危机恐惧症"

欧洲连年不断地谈论着"危机"：先是煤炭危机，接着是体制危机、金融危机，然后是现在的欧元危机，种种危机连绵不绝。在企业中似乎也有很多人仍然相信："我们正面临危机。"这种情况在荷兰肯定比在德国更为严重。但即便是经营状况良好的德国企业，对未来也不无担忧。每个国家都面临着不同的挑战，"危机"这一说法是否合理？越来越多的专家表示：我们根本没有危机。确切地说，我们正处在过渡时期。经济与社会正在经历一场规模巨大的转型。旷日持久的变革往往让人难以察觉，因为变化并非在一朝一夕发生，而是一点一滴地进行。

"危机"一词总让人联想到危险、即将面临的亏损。然而我们正在经历的这场变革蕴藏着大量机遇！这场巨大的转型一旦完成，经济世界将不再以资本、体制和流程为中心，而是以人为本、以个人的才能和需求为中心。200 年来的工业社会将发生天翻地覆的变化。在将来，人们不必再扭曲自己以迎合经济这台大机器。人类不再是微不足道的零配件；相反，经济需要调整结构和流程以配合人类。决定未来经济的将不再是少数受益者，而是大众意志。

洞见

传统企业界将转型为新型创业界。企业家不再是老板，而是前瞻家和促进者。团结是通往一切的钥匙。我们正在经历的转型具有以下特征：

- 从依赖权威转变为依靠集体智慧
- 从金钱性目标转变为社会性目标
- 从调节管控转变为开放和参与

- 从技术保密转变为最大限度透明化
- 从效益思维转变为以用户为本
- 从专利、商标保护转变为创意共享
- 从以体制、流程为中心转变为以人为本
- 从资源消耗转变为循环再利用
- 从彼此怀疑转变为相互信任

在将来，人类自身会得到更多关注，环境也会自然而然得到更多重视。如果没有一个健康的环境做载体和支柱，那么我们的才能就难以充分施展。我的一位朋友，荷兰未来研究专家托尼·波斯玛预测：我们今天所购买的大约95%的用品最多用上一年就会被扔进垃圾堆。这种情况在将来会有所改变。我们的经济会从消耗型发展为循环型，即再生型经济。这意味着，即使那些一次性的产品——比如搅拌棒，用过之后至少也应该给大地施施肥。要实现这样一个循环再生型的经济世界，就意味着要对现有世界进行大刀阔斧的改造。这听起来很有"危机"感，但这不是危机，而是一项能造福大众的变革。

在这一变革过程中，企业的日常行为以及消费者每天做出的决定都非常重要。作为公司，是不是可以只选用最便宜的原料和零件，而不去管会给人类和环境造成什么样的影响？还是说，公司应该让顾客认同：为质量、长远性和生态安全多花一些钱是值得的。换个角度来说，作为顾客，是不由自主地选择最便宜的商品，还是应该思考：什么样的选择对自己真正的需求、对他人以及对生态循环最好？怎样做选择已然成为当今的一大挑战。

像杰·蒙恩这样的企业家已经意识到，在变革的大道上，不仅要鼓励顾客一起前行，更要带动自己的员工。只有当公司的所有人都相信同一个愿景，才能赢得“荷兰最环保企业”这样的称号。这个愿景就是：即使是身在最污染环境的行业，也仍然可以做出改进。在蒙恩包装公司，上至CEO下至卡车司机都坚信，他们选择的道路是正确的。当我在蒙恩包装公司演讲我的乐团模式时，我看到的是一支真正激情洋溢的队伍。企业的工作气氛简直像是嘉年华，只不过大伙儿玩的是薄膜和纸箱而已！我能感受到那里真真正正地充满了团结的气息。

企业家或者管理者如果能对这种团结加以推动，那么就能消灭团队里的那种杞人忧天的“危机恐惧症”。杰·蒙恩做到了这一点。他的员工对未来充满乐观，人人干劲十足。蒙恩包装公司的价值主张是“超出预期”；在公司里人人都有一种想要超出期望值的雄心壮志。杰·蒙恩是一个了不起的沟通者，他总是开诚布公、及时分享信息、信赖他人，用诚恳的态度使他人信服，他坚持“用信任回报信任”的原则，这些都是这位CEO成功大道上的铺路石。他是新经济世界的典型代表。他的热忱感染着周围的人。他知道，未来的资本是人才，他发起了“蒙恩人才选秀”，大胆地鼓励所有员工进行发明创造，因为未来的创新同样需要大家团结起来共同完成。

员工用踊跃出谋划策回报信任

征集员工建议，这是老套的做法。在从前，甚至还曾硬性规定工人定期上交改进建议。众所周知，这并没给当时的集权型经济带来任何好处。然而，即使在自由化的市场经济中，“员工建议制度”也常常只是个不尴不尬的模糊存在。而企业家麦克·费舍却成功地带动了手下所有员工参与思考、不断推出新创意。麦克在德国图灵根州拥有多家公司，业务范围涉及成人教育、服务和餐饮等多个行业，员工总数超过 200 人。我和他相识于数年前的一次进修培训。麦克·费舍是怎样促成员工踊跃献计献策的呢？而且员工提出的大多数建议还相当不错，这又是怎么做到的？

首先，麦克营造了一种相互信任的氛围。这听上去很老套，实则不然。人们如果担心上当受骗，就不会把自己最好的创意贡献出来。和他人沟通自己的想法是一个信任问题，它关系到付出与接受。曾经的员工建议制度就失败在这个环节上，一个人如果必须时刻小心自己说出的话，那么他宁可一言不发。在彼此信任的企业文化中，好点子永远受欢迎；员工们明白，好点子最终能让所有人受益。那么点子从何而来呢？很简单，敬业的人通常会不断发现问题并产生新的思路。有业余爱好的人都了解这种情形：当我们做着自己喜爱的事情时，新的想法会不断蹦出。只有在做不喜欢的事情时，才会对事情的发展毫不关心，这正是在旧经济世界的很多岗位上出现的问题。

有时候一名员工在一两个月内并没有新点子，这无可厚非；但如果一连三个多月完全没提出任何想法，那就不太对劲了。这就是麦克·费舍的体会。费舍认为，每一个员工都有很多很好的点子，只要让他们相信，他们的点子会被公司用来造福员工和顾客，那么他们就会很乐意贡献自己的好想法。公司只需对这些创意巧妙地加以归纳管理。费舍公司运用一套在线程序来收集管理员工的创意。此外，每个员工还可以随时拿到 200 欧元的款项用于小创意的即刻落实；需要更多资金的大创意则要先在小组例会上讨论。

内观

最好的创意往往来自员工！试着问一问自己：在你的企业或者团队里，有多少创意来自员工或成员？员工乐意献出自己的好点子吗？你有没有适合的工具对员工创意进行系统的归纳整理？有没有定期讨论新创意？关于创意的落实有没有收到反馈信息？

作为荷兰成功的电器连锁店，Cool Blue 公司的很多创意也来自员工。在核心业务和竞争者相差不大的时候，要想通过顶尖的服务赢得顾客，那就必须依靠员工的创造力。在 Cool Blue，员工从顾客的角度考虑买电器时有哪些需求，设身处地地提供服务。在工作中他们不但让顾客也让自己享受着乐趣，像在业余时间那样轻松愉快。而在将来，再也不会有“恼人的上班时间”和“美妙的业余时间”之分。只有当员工由衷地喜爱本职工作时，他们才会成为鲜活创意的源泉。朝九晚五的打工者通常不会关心公司对顾客的服务是好是坏。有一次在德国，一位女士在我的讲座结束后对我说：“您的乐团模式非常棒，但我们老板只关心我们的弱点，不在意我们的长处。”我相当吃惊。一个当领导的人，他首要的任务就是要让员工发挥自身优势，并努力让团队的创造力得到充分施展。

信任是“合弄”共进的根基

互不信任是官僚等级体制依然存在的根本原因。这一体制既不能提高工作效率，也不能造福顾客。这就是美国邮购公司 Zappos 的观念。它想要证明，换一种制度会更好。在将来，公司的 1 500 名员工将不再有级别差异；像“主任”、“负责人”之类的头衔今后至少会在公司内部取消。员工将组成互有交集的“圈子”，遵循团结互助的原则组织安排工作任务。首要的问题就是：谁可以和谁一起完成哪些任务？而在以往，企业关心更多的问题是：谁领导谁？谁必须向谁汇报工作？Zappos 把它的新工作方法称为“合弄制”（holacracy），用它来取代等级制度。这种工作模式能否在 Zappos 长期良好运作下去，答案非常令人期待。

> 随着自身的发展壮大，我们越发地意识到，大家习以为常的等级制度极大地削弱了我们的适应能力。
>
> ——Zappos 经理约翰·班奇

自己的创意被老板扼杀，这让很多人都受够了。越来越多官僚型企业的员工辞职走人，转而寻求新的挑战，让自己的才干和创造力真正得到重视和发挥。在人与人之间充满信任的地方，他们找到了新的用武之地。旧经济相信的是金钱、资源和机制，对人却抱着怀疑态度。而未来团队的工作方式将大不一样。他们先制定目标，然后创建适合的机制来实现目标。围绕这一目标，筹措必要的资金、整合必需的资源。他们非常清楚：所有的行为都只是达到目的的手段。他们最信任的是自己、自身的才能以及所在的团队。

有很多人对未来心怀恐惧。他们说：安全保障正在消失。一切都不再可靠，所有事物瞬息万变；这让他们害怕。这些人对安全保障的理解非常老套。他们依赖金钱和官僚等级机制，认为长期工作合同、保险和投资能让他们高枕无忧。但事实证明，正是这样的金融体系和老旧的官僚体制格外脆弱，格外不稳定。这些所谓的安全保障很有可能一夜之间就一钱不值。

未来团队的成员相信的是新形式的安全保障。他们的安全感建立在自信之上。这种安全感大致有以下几种表征：

- 我知道，我的能力所及。
- 我知道，我可以信任谁。
- 我知道，既有好的阶段，也会有艰难时期。
- 我知道，人人都拥有不同的才能。
- 我知道，团结协作才能做到最好。

长久以来的互不信任风气至今没有消失。企业中很多人的脑子里依旧存在这样一个观念：人人都要追求自己的利益。互不信任的代价高昂。在美国，每宗大型交易都要耗费上百万美元的律师费用。尤其夸张的是，谷歌和苹果公司在移动电话业务上的“专利之争”。2012年，谷歌以120亿美元收购了竞争对手摩托罗拉。据说，这一行为仅仅是为了获得对方的专利。2014年初，谷歌和三星达成一致，共享一切已有的和将来的专利。这本来是在团结大道上跨出的伟大一步，很可惜，它只是对抗苹果公司的又一项战略举措而已。这样的“团结”是不可能长远的！

在互不信任的环境中，企业往往试图利用传统营销手段诱惑顾客，而不是通过描绘愿景来打动人心。今天主宰市场的大部分商品的价格都包含着市场营销费用，有的甚至占到50%。部分企业还试图操控网上顾客评价。如今我们看到遍地都是顾客好评；谁没有拿到好评，就自己写一篇了事。

这种做法是不会长久的，顾客们看穿了老企业的这些伎俩。他们不再重视公开的用户评价，而是自己联网互通，相互交流真正有价值的信息。在这里起决胜作用的依然是信任。比起企业的广告，人们更信任自己的朋友。而今越来越多的人开始在社交媒体上展示自己的购物成果，这些人对朋友圈子的影响力要大于广告。今天的用户们考虑的问题是：谁可以给我中肯的意见？我的熟人中间有谁用过这类产品？

随着网络的普及和信息交流的密集化，互通有无变得越来越简单。你一定在商店里见到过这样的场景：顾客看中一件商品，然后借助智能手机查询相关信息。交流商品体验仅仅是朋友圈子或邻里之间迈向产品共享的一小步。企业不应该抵制这一发展趋势——况且，抵制也没用。

未来最优秀的企业会积极地促进、支持顾客之间的信息交流。例如，汉莎公司已经在支持乘客在机场共享出租车：通过它的手机应用程序，乘客可以很便捷地找到顺路的旅伴，双方共乘一辆出租车然后分摊车费。再如亚马逊的 Trade-In 计划，用户可以把看过的书和 DVD 寄回去换取购物券。收到这些书和 DVD 之后亚马逊将它们归为二手商品再次出售。这样就灵活地帮助了客户，而且能实现多方获益的效果：一批顾客可以很便捷地处理掉看完的书和 DVD，另一批顾客则能以低廉的价格购买这些产品，而商家又额外做成了一笔生意。这些都是团结互惠大道上的小进步，而起关键作用的正是这些小进步。

回顾

- 经济正经历巨变，只有大家团结一心，革新才能成功。每一个企业都可以通过小小的一步又一步朝着更团结、更环保的方向迈进。
- 以信任为基础的共享文化正在形成。敬业的员工乐于分享他们的知识和创意。用户之间开始交流产品体验并共享产品。
- 陈旧的官僚等级制度越来越难以适应新经济。创新型团队将不再按照等级，而是围绕共同的任务来组织工作。

曲目 3

顶尖团队里高手云集

> 没有目标的人生，我无法容忍。没有生命中那许多突如其来的时刻，我很难具备完整的人格，也做不到在舞台上随机应变。
>
> ——小提琴演奏家安娜·索菲·穆特

面对全体员工发表演讲的劳拉和平时一样镇定自若。四年前这个地方曾濒临破产。而今，他们在欢庆成功、在大把大把地赚钱、在扩建。劳拉是这家企业的行政主管，但她从不炫耀自己的业绩。她在年终大会上谈到了企业的起死回生，言语间也并没有标榜她个人的功劳。听她的演讲甚至都不会觉得发生过什么大不了的事。她想说的是："我们大家共同取得这番成就，这是理所当然的。"

劳拉是荷兰南部一家私立医院的行政主管。当她走上这个岗位时，这家医院虽然在医疗服务方面蜚声国际，但经济状况一塌糊涂。劳拉冷静而果决地让手下员工看清这样一个事实：你们不是一支真正的团队！你们必须成为真正的团队！

劳拉上任后，团队一步一步地组建成型。今天上至医学教授，下至护士，甚至物业管理人员统统齐心协力。即便是在艰难时期，劳拉也深知：人才这里多的是，我们只须学会怎样配合得默契无间！

一提起音乐大师，我们就会联想到技艺超群的演奏家。诚然，大师们对乐器的掌控几近完美。但如果一位大师仅仅只有娴熟的技巧，那就好比一名顶尖足球选手只知道控球，光有高超的球技是成不了球星的，球星还需要具备更多的东西。同样，只凭着几近完美的演奏技巧，也成不了大师级高手。真正的高手特别善于倾听他人，他们能巧妙地与同伴协调一致、默契配合。他们能在最短时间内发现同伴的优势所在，并用最快的速度调整适应。高手总能找到办法与别人和谐共奏。而对于音乐新手，包括水平良好的中级演奏者来说，在合奏中往往捉襟见肘；有时能打好配合，有时完全不行。

乐队是个绝佳的比喻，它形象地体现了未来团队成员的素质特征。未来团队灵活、机智，成员多面多能、善于配合，具备自我组织性。商务高手有着极高的适应能力，能迅速融入任意一支团队。他们能与千差万别的人开展合作，即使别人的才干比不上他们，即使大家的文化背景或者价值观截然不同。未来的经济迫切需要这样的团队高手。因为在将来，团队的存在越来越趋向短期性。即便在今天的企业中，也经常有员工同时隶属多个团队，必须不断切换角色。

> 你必须先学会自己的乐器。然后练习，练习，再练习。最后，当你站上舞台时，忘掉一切，尽情演奏！
>
> ——爵士乐传奇人物查理·帕克

究竟是什么让高手有这么强的适应能力？其实不管在音乐界还是商业团队里高手的特质都非常相似。首先，他们全面开发了个人才能。高手都是真正有能力的人，体现在团队中就是：他们知道自己适合哪个角色，并能几近完美地把握这一角色。如果你已经读过我的上一本书《团队交响力》，那么你就一定熟悉梅瑞狄斯·贝尔宾理论的八个团队角色以及我用来比喻这些角色的几种乐器。但如果你还不太了解我的乐器模式，本书的下一章将会讲述相关要点，在本章你只需要了解以下信息即可：贝尔宾从企业中经理、助理这样的职能角色中分离出了团队角色。团队角色描述的是团队中的社会行为，可以按照推动者、批判者、凝聚者等划分。

团队高手不仅知道哪些团队角色最适合自己、自己对这些角色的把握水平如何，还了解所有其他成员各有哪些才能、倾向于哪些角色。这完全和乐队如出一辙！一位演奏大师能通过认真聆听准确了解合奏伙伴，并恰到好处地配合对方。团队高手可以在任何一支队伍里轻松找准自己的位置，并与同伴共同努力争取展现最佳演出状态。高手偏爱并掌握着两到三种“乐器”，即团队角色；根据情况的不同，他们能相应地转换角色。并且，高手还很清楚队友当前担任的角色是什么，在必要的情况下队友还可以转换成哪些角色。

以劳拉为例，我把最适合她的团队角色称为“钢琴”，因为她能出色地发掘并激发团队成员的潜力。同时劳拉自己也是一名勤奋的实干者。这一能力和我乐团模式中的“低音提琴”相吻合。劳拉还非常善于交流沟通、调节冲突。这些特点也是出色的“小提琴”特质。真正的团队高手非常罕有，而劳拉在这三种“乐器”上都堪称大师。因此，我想更详细地讲讲她和她的工作。

高手的起死回生术

当劳拉接手这家私立医院的行政主管一职时，她给医院下了这么一个诊断：“这是一群书呆子！一群搞医学的书呆子！”该院的医疗主任是一位享誉国际的医学教授，他用最先进的技术装备武装了他的医疗队伍。可问题是，这些耗资数百万欧元从德国某公司引进的仪器设备极其不可靠，它们总是出毛病。而售后服务和维修的相关合同签得非常糟糕，因而院方难以要求生产厂家给予赔偿。这家医院在医学界可能算得上是一座灯塔，但在企业管理方面却是一片茫然。劳拉在卫生保健这一行干了很多年，她非常了解这样的情况通常是怎么产生的：一个企业如果没有真正的团队，各人只扫门前雪，大家各行其是，不与他人协调配合，那么迟早会搞成一团糟。医院的这群书呆子显然觉得没必要在采购仪器时请熟悉企业管理和法律知识的专业人士做参谋。

劳拉从一上任就采取了主动攻势。她用冷静、客观但毫无责难的语气向所有人指出，大家缺乏团队精神。她解释道，如果人人都能在做决定之前好好想想我们还需要哪些人、需要具备哪种才能的人、谁能帮得上忙，那么现有的问题其实可以避免。劳拉成功的第一步是，让所有人做好了面对困境的准备。劳拉率直、诚恳，从不埋怨他人，因而同事们都以她为榜样。在这个环节，劳拉已展现了她对“钢琴”这个团队角色高超的演绎能力；这一角色能运用与生俱来的威信掌控团队，让团队瞄准新的目标。

第二步，劳拉向所有员工介绍了她的极端型整顿办法：换掉供应商，重新购置全部仪器——尽管这会让医院的经济状况在近期更加艰难，尽管现有的仪器仍然很新，尽管会和目前的供应商产生很大矛盾。劳拉把自己的计划清晰、透明地传达给全体人员。劳拉对这个突围计划信心十足，但她从不向任何人隐瞒其中的风险。她尤其不会隐瞒的是，这个计划会在一段时间内大大限制其他工作环节。所有人都应该了解实情，然后再共同作出决定。

劳拉投入大量时间进行了很多次的对话。她先后向医院的每一个成员提出了下列问题：你们有牺牲奉献的心理准备吗？你们想选这条路吗？你们愿不愿意做新的尝试？谁有更好的办法吗？最后，全员通过该计划，表示同意的人当中也包括一手造成目前困境的当事人。他们并没有觉得自己受到了公开谴责，事实上也没有人谴责他们。他们很清楚，一切都是为了找到解决办法而已，因而彼此的信任并没有受到冲击。一直以来，大家都在按照自己认为的最好的方式行事；而现在，团结起来能把工作干得更好，过去的就让它过去吧。就是这样，劳拉从每个人口里都拿到了同意二字，现在大家同舟共济。境况艰难，人人都必须有所牺牲，但这让全体员工真真正正地拧成了一股绳。三四年之后，医院的经济形势大好，管理层甚至开始考虑开设分院。

了解自己和他人的能力，然后善加运用，这就是团队高手的成功要诀。劳拉很清楚，自己非常善于让大家团结起来朝着共同的目标前进。她也知道，自己具备优秀的社交能力，在矛盾冲突中总能起到调和作用。她灵活运用这些优势，在医院的变迁过程中掌握了主动。她的镇定自若让她在所有人——也包括医学教授面前——树立起威信。

劳拉成功的另一个因素是，她认识到团队角色内部存在着一个根本的冲突：一方是智商高、有创新精神，但行事固执、不怎么配合他人的医生们。套用我的乐团模式，这些表现是典型的“吉他”，有创造力，但孤僻。而另一方是律己务实的卫生保健工作人员。作为团队中的“低音提琴”，他们基本不争取主动权，因此，即使情况不对，他们也很少叫停。

劳拉塑造的并不是一支普通队伍，在她的队伍里，从前缺失的乐器而今已再次被奏响。劳拉知道，他们一方面需要更多的沟通交流，另一方面还需要批判性的思考反省。以后团队中还要让“小号”和“竖琴”这些乐器也发出声音。团队高手的过人之处在于，他们能很快地从所在乐队的乐音中听出来，目前还缺少哪些乐器。如果他们在团队中处于领导位置，那么他们就会想方设法找到人手来演奏这些乐器。

成为团队高手的两个条件

怎样才能从路人甲变成团队高手呢？毫无疑问，要靠勤奋！这一点也和演奏音乐一样，没有付出就没有收获。即使是一个对音乐抱有最大热情的人，也必须通过练习再练习才能成就非凡技艺，不劳则无获。未来的团队同样如此。对工作当然必须抱有兴趣，否则一切毫无意义。但光靠兴趣谁也成不了团队高手，还必须严格要求自己，不断学习，用心投入。未来的社会将是一个任人唯贤的社会，天上不会掉馅饼。但辛苦劳顿之后会感受到由衷的快慰，因为大家通过共同的努力一起完成了有意义的事情。

你也许已经从我的上一本书里了解过瑞典心理学家安德斯·埃里克森的研究，他的研究重点是音乐以及体育界的顶级水平。一项对音乐学院学生进行的长期研究表明，后来成为大师级演奏家的都至少进行过 7 500 小时的练习。你兴许也听说过马尔科姆·格拉德威尔倡导的“1 万小时定律”。格拉德威尔说：“不论在哪个领域取得非凡成就的人，都至少花费 1 万小时来做某一件事。他们勤奋坚忍、持之以恒，并且严于律己。”

这样的研究调查非常引人入胜，但我在此想要强调一句：单单依靠练习，或者单靠自己一个人练习，都是成不了大师的！除了持之以恒的毅力之外，成为大师还需要两个条件：第一，天分；第二，同伴。诚然，通过练习可以获得很大成就，有时几乎能获得一切，但是不同的人有不同的才华。在某方面欠缺天分的人，虽然也可能通过长期苦练而终有一天大获成功，但很难享受到快乐和满足。

勤奋和律己固然重要，但更重要的是要了解并培养自己的才干以及兴趣爱好。顶尖团队的成员不但自己能做到这一点，同时还能发现并激发队友的潜能。电视选秀节目时常会诱导大家说：人人都在一切事情上拥有天赋。这并非事实。每一个人都拥有天赋，但这些天赋各不相同。为了某件事情如痴如狂地流血流汗，最后却没能得偿所愿，无疑是痛苦的。就像网球名将安德烈·阿加西，他打网球只是出于父亲的督促，他本人对此从无兴趣。

还有一点尤为重要：团队高手只可能产生于团队之中！虽然每一个人都可以各自开发自身潜力、进行自我训练，但只有在团体的合奏过程中，才能真正成就非凡的技艺。试想，如果全世界的音乐都只有独奏或者独唱曲目，那么音乐就只是各种体裁的残章断曲，无法诞生辉煌的乐章。只有在合奏的过程中音乐才会发挥它的全部潜能。而经济和社会范畴里的合作则可以让人类的潜力得以充分施展。

因此，一项重要的基本原则就是：提高自身能力，从而提高所在团队的质量！在通过自己单独练习取得一定进步之后，应该马上从小组中获取反馈。因为个人能力的水平取决于它在团队合作中的施展情况。因而，每次学习、培训之后有必要在实战中检测个人所学给团队带来了什么样的帮助。

内观

不断针对团队的优势和需求开展培训活动。始终确保新开发的个人能力可以迅速为团队所用，化能力为生产力。

在如今的大多数机构组织里，对个人才能以及个人与集体之间相互影响关系的意识还比较淡薄。典型的例子就是头脑风暴法。这种形式的创意讨论会通常会强制性地让尽可能多的员工参加，不管他们是不是对此擅长，更不管他们有没有兴趣。这样一来，“低音提琴”——勤劳的工作者——在头脑风暴会议上一边觉得很无聊，一边暗自恼火，因为开会耽误了自己手头的工作；而“钢琴”、“吉他”或者“小号”，不但对头脑风暴极具天分，而且还能充分享受到乐趣。与夸张的头脑风暴法完全相反的另一个极端则是，坐在领导交椅上的所谓天才以及孤高的企业决策者并不与他人沟通自己的想法，只要他们认为正确就会直接下令执行。这样的现象如今非常普遍。

与我们今天所熟悉的大多数团队相比，未来的团队将更为均衡，团队对各人特长的敏感度也将有极大的提高。越是那些才能得到了最大开发的人越是能够为他人让位。自我膨胀的人其内心往往缺乏自信，这是一个人所共知的心理现象。在未来的顶尖团队里占主导地位的是做事平和自信的人。他们收起自我，因为自利主义同样也会成为自己的绊脚石。有一句英文谚语说得非常好：“From ego to we go!”（摆脱自利，走向共进）团队成员的自我膨胀的确是团队的一大阻力，少一点自我才能强有力地共同前进！

顶尖团队的快速组建模式

面对这个错综复杂、瞬息万变的世界，我们将如何开展合作？荷兰应用科学研究组织（TNO）社会研究领域首席科学家彼得·埃森斯博士对此作出了大胆的预测。他说："为解决未来日益复杂的问题，我们需要适合的模式，快速、即时地把千差万别的组织机构塑造成协作联盟，即所谓的多团队体系（Multi-Team-System）。"埃森斯认为有必要"不围绕组织和流程来思考，而是把人作为引擎，以此为出发点，超越组织和部门的界限。"布鲁斯·特科曼曾把传统的团队建设模式划分为四个阶段：组建、攻坚、标准化以及执行（forming，storming，norming ，performing）；他所描述的这种常规建设形式如今在很多地方都已不再适用，包括拥有文化高度多元化团队的跨国集团。

现在已经没有时间慢慢地凑齐人手、共度危机、制定规则，然后终于在某一天起到作用并提交成果。团队往往必须即刻、突发性地发挥作用。在互联网时代，来自截然不同的文化和机构的人才必须能按照项目需求非常迅速地组织起来。他们经常在短期合作之后再次分散。这就是彼得·埃森斯"多团队体系"所提出的要求。而个人将同时效力于越来越多的不同团队。和从前不一样的是，团队成员很少会长年从事同一项工作。现在也有一些团队，它们的大多数成员面临的大都是全新的任务。

这些挑战主要带来三种效果：第一，个人必须尽可能成为团队高手。如果能清楚地知道自己可以胜任什么样的团队角色，同时还能非常准确地评估他人，那么不管在任何地方都能迅速地找到自己的位置。第二，必须以人为本地设置团队、机制、流程和机构，而不是像以往那样，要求人们尽量适应已有的机制。从目标和人力出发，产生出相应的机制和流程。第三，我们必须学会应对纷繁多样性。多元化早已不再是纯粹的社会政治口号，它描述的是跨国企业的现实。因此，除了功能角色、等级角色和个性角色之外，文化角色在团队中也占有越来越重要的位置。

> 我们必须找出办法，在不打破团结的前提下，欢庆我们的差异，探讨我们的不同。
>
> ——政治家希拉里·克林顿

文化差异一不留神就会制造问题，前不久经历的一件事让我对此深有体会。在新近举行的国际青年商会（JCI）的世界大会上，我演示了一场“乐器秀”。来自 50 个国家的 5 000 多人前往布鲁塞尔参加了这个大会。我与新当选的主席商量好，他先发表 5 分钟的讲话，然后我开始我的演讲秀。主席认为，我所传达的信息非常符合 JCI 来年的纲领。于是我们就照这个计划进行。开场后没多久，现场气氛就热烈非凡，很多与会者挥舞起他们的国旗，场面简直就像是音乐狂欢节，似乎所有人都情绪高涨。真的是所有人吗？不是的，事后我才知道，日本代表当时很不满意。

原因在于他们认为主席发言不应该只有短短5分钟，至少应该有1个小时，不然的话那就是一场让人无法理解的闹剧。

关于这一点我事前没能考虑周全。我们本来应该把日本代表也考虑进来。在这样的场合中，首先应该听取所有人的意见，然后阐明自己的计划，接着再做出相应调整，直到获得所有不同文化背景的成员的认可。这就像是在异国他乡驾驶汽车，如何开动汽车基本相同，然而具体的交通规则在每个地方却存在差异。就我而言，在国外开车最好是跟随当地人的节奏，这样才能应付自如。

接下去的一步就是真正的包容。真正的包容意味着文化、信仰以及生活方式的不同不仅能得到尊重和合理对待，还能更具创造性。一个管弦乐团的乐音也正来自不同种类乐器的齐鸣。当今大多数企业还处于文化共融发展的初始阶段，它们首先必须要做的是提高自身敏感度。未来的顶尖团队中，差异不仅会得到认同，人们甚至会真正地欢庆差异。未来的口号将是差异万岁。

回顾

- 团队高手具备极高的适应能力，他们能迅速融入队伍并能与不同的人携手合作。
- 团队高手了解自己以及他人的能力并能善加运用。他们了解自己真正的才能，并且不局限于个人训练，而是与他人共同练习。

- 未来的机制和流程的建立将会围绕着人和目标。对文化和个人差异的敏感性将增强。多元和共融将成为新的生产要素。

第二篇

贝尔宾混合曲

SPITZENTEAMS
DER ZUKUNFT

so spielen virtuosen
zusammen

著名的贝尔宾团队角色理论将团队成员分为八种角色。这八种角色对应乐团中的八种乐器，他们有各自的特质。顶尖团队中聚合了所需的各种角色，每个成员在团队中担任的都是与自己个性、喜好和才能相匹配的角色，不同角色间相互协作和互补，形成强大的合力。正确的角色搭配将是顶尖团队成功的要素。

曲目 4

贝尔宾团队角色理论的乐团模式

> 我真的很幸运，我自己的第一个管弦乐团就是一个顶尖乐团！
>
> ——指挥家里卡多·夏伊

如果每个团队都能像一支顶尖乐团那样完美协作该多好，遗憾的是，在团队中往往是噪声多过乐音，作为顾问和培训师，我对此深有体会。幸好，所有的团队都是可以得到改善的。对此有一个有效的模式，那就是英国心理学家和管理学专家梅瑞狄斯·贝尔宾博士的团队角色模式。大约 25 年前我接触到了这个模式，从此我就带着极大热情致力于它的研究。我是一名经过认证的贝尔宾培训师，与荷兰贝尔宾机构有着密切合作。贝尔宾模式以八种不同团队角色为基础，由于个性和经历不同，团队成员对这些角色的演绎水平也各不相同。

贝尔宾模式的一个缺点就在于它的表达方式极其学术性、抽象化，尤其是各个团队角色的称谓常让人困惑不解，也不方便记忆。有一天，我和我的老朋友、音乐家弗兰克·范德·黑伊登聚在一起喝啤酒，闲聊中我们想出了一个能让贝尔宾模式更形象化的办法：找出相应的乐器来比喻不同的团队角色。于是，乐团模式就此产生并被我一直沿用至今。在此期间我们还发展出一套乐器秀，用来为观众做现场演示。2012 年我通过 GABAL 出版社出版了我关于优化团队合作的第一本书——《团队交响力》。

在接下来的章节中你将了解有关贝尔宾模式的重要内容。我在上一本书里也做过相同的介绍，如果你已经读过我的第一本书，可以借这个机会温故知新；如果你尚未读过也不用担心，本书将为你提供所有背景信息，以便你更好地理解和应用各个章节的内容。加油！

团队角色及其分类

团队角色不同于职能或者等级角色。像执行总裁、助理、项目负责人或是销售员等指的是职能角色。在一个机构里还有以各项职能为中心的职权范围。一个人是否适合某个职能角色，取决于他的专业知识以及工作经验，这些都是可以客观查证的。而一个人倾向于哪个团队角色，则没有任何学历证书、工作证明或职位证明可供参考。一个团队中的“鞭策者”，即“鼓”，可以是执行总裁，也可以是一名普通职员，答案是完全开放式的。根据贝尔宾的理论，是否适合某个团队角色，取决于个性、价值观、形势或者经验等因素。简而言之，关键在于我们的性格，而不是经历。

贝尔宾博士的一项具有开创性的认知就是：团队的成功取决于团队角色性格的正确组合，而不是任何其他因素。贝尔宾通过对不同团队数十年的科学研究也验证了这一点。什么是“正确”的组合，这取决于团队的目标。至关重要的是，不能只顾着配置职能角色——这是大多数企业沿用至今的做法，而应该让各个团队角色能脱颖而出发挥作用。贝尔宾最初划分出的八种团队角色，分别对应的是我的乐团模式中的下列乐器：

- 勤劳能干的低音提琴
- 鼓舞人心的小号
- 干劲十足的鼓
- 多才多艺的钢琴
- 创意不断的吉他
- 实事求是的竖琴
- 筹谋规划的圆号
- 乐于助人的小提琴

曲目 5 将为你概要介绍所有八种乐器最重要的性格特征。请注意：团队角色模式并不是性格模式！不能机械地给某个人贴上某种乐器的标签，而应该说，在不同的团队中你对不同乐器的演奏水平有高有低。一个人通常能娴熟掌握两到三种乐器，对另外三到四种乐器技术平平，还有两到三种乐器则一窍不通。通过勤练你能够提高对所有乐器的演奏能力，即对团队角色的演绎能力。

顶尖团队与普通团队的差别

顶尖团队与其他团队的不同之处在于，各个团队角色均是根据当前目标整合而成的完美人选，每个人在团队中担任的都是与自己个性、喜好和才华最匹配的角色，同时，所有对完成既定目标而言必不可少的角色至少有一人来担当。贝尔宾甚至给出证明：一个成员素质平平但角色分派十分合理的团队要比由天才随意组成的团队更能成功。事实表明，所谓的“太阳神团队”——即完全由高智商成员组成的队伍，甚至经常遭遇失败。其中原因颇多，比如他们浪费太多时间反复争论哪一个方案才是最佳方案，而且团队的互动少之又少等。

一个顶尖的乐团可以演绎许许多多不同的乐章，顶尖团队也理应如此。每一个乐队成员都能出色演奏自己的乐器；而每一个团队成员都知道，自己的最佳角色是哪一个。顶尖的团队允许每个人扮演自己最喜欢的角色，所有人都了解自己所作贡献的价值，他们明白团队角色无所谓好和坏，就像小提琴大师不会去嫉妒钢琴演奏家，在顶尖团队里也没有谁会因为别人扮演了某个角色而心生妒忌。顶尖团队经受得住危机，从不轻言放弃。

贝尔宾模式对应的八种乐团角色

梅瑞狄斯·贝尔宾的模式建立在心理学基础之上。这八个角色对应的是四种心理基本力，这些基本力在不同群体中以主动或被动的形式对人产生影响。这四种基本力分别是行动力、意志力、思维力以及感受力。在这一基础之上，产生了以下八种可能性组合：

- 主动行动力（低音提琴）
- 被动行动力（小号）
- 主动意志力（鼓）
- 被动意志力（钢琴）
- 主动思维力（吉他）
- 被动思维力（竖琴）
- 主动感受力（圆号）
- 被动感受力（小提琴）

以吉他和竖琴为例，两者都善于运用思维力，但方式各不相同。作为主动思考者，吉他具备创造性头脑，他不断努力创造新鲜事物，如新设计、新产品、新流程；而竖琴更倾向于将思维能力运用于分析现状。主动的吉他和被动的竖琴在团队中能很好地相辅相成：吉他推出创意，竖琴来检验这些创意是否切实可行。而创意的实现也少不了其他的乐器帮忙，比如意志力和行动力。

团队成员都具备两三种角色能力

“天生的钢琴”或是“典型的低音提琴”这种情况是完全有可能出现的。贝尔宾发现，有些人总是追求同一种团队角色。个性特质、价值观、外部条件还有积极或消极的团队体验都会影响对团队角色的选择。一般来说成员会乐意担任至少两到三种角色，并且认为它们适合自己。然而，这一切都不具备永久性。随着时间的推移，每个人都在不断改变和发展，从而对团队角色的优先选择也在发生变化。

特定形势下会激发出团队成员担任新角色的能力，这就为团队创造了机遇。团队不可能总是在急需某个角色的时候就可以马上找到恰当的人选。例如，某个项目进展太慢，需要一个鼓加以督促，一时间却找不到人手，那么唯一的办法就是看看团队里谁可以来“敲鼓”。而对于接过鼓槌的成员来说，敲鼓技术也许只能排在他个人强项的第三或第四位，但因为急需加快进度，那么就允许也应该来临时救场。

个性特质和团队角色的关系

梅瑞狄斯·贝尔宾在研究中解析了对团队角色选择极具影响力的性格特质。以下两组对立的性格特质非常有代表性：第一，一个人是比较内向还是更为外向？第二，一个人是紧张型还是松弛型？比如一个沉默、安静的人天生适合低音提琴；相反，一个总是风风火火且性格外向的人，就很适合作鼓。以外向或内向、紧张或放松作为两条轴线，可以把所有八个角色归纳进一个象限（见图 1）。

如图 1 所示，正中的位置上是竖琴。竖琴遵从事实，具有批判性而且善于分析。他既没有明显的内向或外向表现，也不会显得特别地紧绷或放松。他们力求客观，因而能在一定程度上做到不偏不倚。在图 1 中，你能找到全部八种乐器。团队中喜欢扮演吉他的人通常稍微内向，但无明显紧张或松弛特征。另一侧的钢琴则较为外向，他们对别人和别人的特长非常感兴趣，意志力和以目标为中心等特性让这一角色颇具紧张感。但和精力充沛的鼓相比，钢琴的紧张感小巫见大巫。

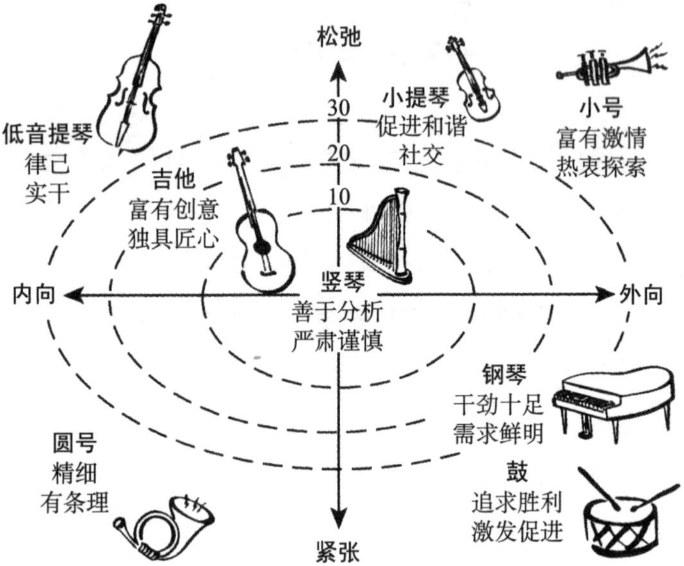

图 1　团队角色象限

贝尔宾模式对于领导者的意义

当梅瑞狄斯·贝尔宾在 20 世纪 60 年代启动研究时，人们对领导的理解还相当传统。从原始社会起，人们对领导者的要求一直和年龄密不可分。例如，在传统的餐馆中，领班总是比其他员工年长，而临时服务员通常是最年轻的。自从工业革命以来，走上管理岗位的条件除了年龄以外还需要拥有一定的学历。近几十年来，针对管理人员还增加了工作能力、身体素质、执行力以及沟通能力等方面的要求。

贝尔宾通过研究证明，能取得最佳业绩的领导人员并不一定非得年纪最长或者学历最高，也不一定是最激进或最健谈的人。真正对领导角色起到决定作用的往往是知人善任的能力。根据贝尔宾的理论，领导行为意味着要集结整个队伍尽力争取最好成绩。为实现这一目标，团队所有成员都必须担任最符合自身优势的角色。通过练习，他们将娴熟地扮演各自的角色。据贝尔宾观察，长期保持成功的领导人员都拥有合作型的基本态度，以团队为重，他们和员工之间仅仅保持着极小的一段距离以维护自己的威信。

当今团队成员的三大基本需求

一项关于现代人幸福感的调查研究发现，现今人们对于工作岗位有三大基本需求：

1. 自主权——人们在工作中需要一定的自由。这样的自主权不一定很大，但即使是从事简单工作的人也在寻求自由空间，他们想按照自己的方式做事。

2. 施展才能的机会——如果所从事的工作能让自身才能得以施展，那么人们的积极性就会增高。他们想要这样一种感觉：自己在某些方面非常不错。在理想的情况下，人们会在各自的领域发展成为大师级人物，即使是不起眼的工作也可以出色地去完成。

3. 意义——人们的行为应该对社会作出积极的贡献。

我们都想要做出有意义的事情，并不一定非得是拯救世界这样的大事，重要的是能看到自己的工作给别人带来积极的影响。

简单的工作可以带来极大的欢乐，复杂的任务也可能令人灰心丧气。关键在于一个人的基本需求是否能得到满足。如果一个人可以自由地按照自己的方式工作、能够不断自我发展，并且知道自己的工作对别人很有意义，那么他就会热爱这份工作。把金钱作为唯一的刺激已经过时，“一切向钱看”再也行不通了。

从普通乐手成为演奏大师

想要从普通乐手成为演奏大师，就只能勤于苦练。团队也是同样，想要从普通团队成为顶尖团队，不仅每一个成员都要找准自己的角色，更要不断提高自己演绎角色的能力。担任某一团队角色的能力是可以不断提高的。比如，竖琴除了工作也会在团队以外的范畴训练自己的思维力，而钢琴如果不断钻研其他组员的音域和音调，他终会成为大师。团队也和乐队一样，除了集体排练以外，成员们还会各自在家苦练。

顶尖团队的成员们具备高度灵活性，他们熟悉两到三种适合自己的不同角色，在需要的时候能自如地转换。如果不局限于自己最偏爱的乐器，而是更多地钻研所有的可能性，那么角色的转换将进行得更加顺畅。因此我鼓励团队成员们积极尝试新的“乐器”；或者对自己不太熟练的角色多下工夫，从技艺平平走向精彩绝伦。你掌握的角色越多，就越会有意识地接受这些角色，那么在团队进行调整的时候，你就不用担心不得不担任某个一窍不通的角色了。

洞见

除了贝尔宾理论，团队效能模式也很有参考价值。

数年来我致力于研发一项能帮助团队获得共同成功的模式。该模式仅仅分为四步，团队可以不断按照这个顺序开展工作。

1. 共同制定目标;
2. 明确期望值;
3. 定义流程;
4. 明确人际关系。

团队效能模式可以帮助团队通过四个步骤进行发展。出现问题时就可以在正确的层面上加以解决。在这一过程中保持正确的顺序很重要:首先应该是讨论目标，然后才是期望值和工作流程。如果在第二或第四步上出现问题，应该先确保上一层面一切正常，然后才着手解决问题。

最后一步是人际关系。如果团队想直接在关系层面解决问题，往往会白费精力。如果目标和期望值的层面出了岔子，那么就算给大家开一场针对人际问题的集中辅导也帮不上太多忙。相反，如果有了明确的目标和期望值，有了清爽利落的工作流程，就能防止小小的人际矛盾给工作业绩带来负面影响。

不同角色的互补

如果整个乐队能和谐共奏，那将带给人愉悦的享受。乐队中有个别乐器能够格外和谐地彼此配合。你可以想象一下由钢琴、鼓和低音提琴共同演绎的爵士经典三重奏。1937年纳·京·科尔将这个三重奏进行了演变。当时他在某家俱乐部的舞台上演出，很偶然地用吉他替换了鼓，结果和音非常美妙，科尔甚至在后来的数十年里一直沿用这一组合并且大获成功。在团队里也同样有这两条主线：乐队全体，以及特别契合的个别乐器。

以鼓为例，如果有意志力同样坚韧但更为柔和的钢琴从旁相助，那么精力充沛的鼓就能更好地施展他的领导才能。因为，如果鼓过分迫切地想实现目标而给其他人带来太多压力，他就会四面树敌。如果有钢琴作为伙伴，那么鼓的意志力就能处在恰当的平衡状态。小提琴也能很地好填补鼓的不足之处。在鼓只想迅速得到结果的时候，小提琴则能发挥他换位思考和外交的能力，从而维持团队的良好气氛。同时低音提琴也应该在团队中和小号成为盟友，这两个乐器都代表着行动力。低音提琴因为工作繁多而情绪低落，小号则可以帮他减轻负担，使其享受到工作的乐趣。

回顾

- 团队角色不同于职能角色，它与个性、价值观、形势以及阅历等因素密切相关。
- 一个团队的成功更多地取决于团队角色性格的正确组合，而非其他。
- 顶尖团队与普通团队的区别在于，前者的团队角色是根据当前目标完美地整合而成；其中有个别乐器之间的配合尤其出色。
- 八种团队角色以主动或被动的形式对应着四种心理基本力：行动力、意志力、思维力和感受力。
- 团队成员在特定情况下会被激发出演绎新角色的能力，这正是团队的一大机遇。
- 全部八种乐器可以归纳进一个象限，两条轴线分别是外向/内向轴，以及紧张/松弛轴。
- 根据贝尔宾理论，领导行为意味着带领全队共同实现最佳业绩，这就需要对个人特长进行了解和促进。
- 一项关于现代人幸福感的调查研究发现，人在工作岗位上有三大基本需求：自主权、施展才能的机会和意义。
- 如果成员们不但找到了自己的角色，还坚持练习把握角色的能力，那么普通团队就会成为顶尖团队。

曲目 5

八种乐器对应的八种团队角色

> 我从来没有上过音乐学校，而是直接拿起乐器不停地练习，直到我练会了为止。
>
> ——作曲家、演奏家麦克·奥德菲尔德

本章将概述乐团模式八种乐器的特点，并附上了它们在梅瑞狄斯·贝尔宾理论中相对应的名称。

低音提琴：执行者

角色原名	缩写	译名
Implementer	IMP	执行者

低音提琴是一位安静的队员，他具有强烈的责任感，工作尽职尽责，值得信赖。他有很好的组织能力，从而弥

补了缺乏主动性这一缺点。即使在强大的压力之下，他也仍然能够把握全局。

低音提琴的三大特质：安静，务实，自律。

小号：外交家

角色原名	缩写	译名
Resource Investigator	RI	外交家

小号在团队中表现外向，注重人际交往。他的特长是发现和收集有价值的想法。在团队中小号能振奋人心。他非常健谈，能传播乐观情绪，起着稳定作用。

小号的三大特质：热情，好奇，乐观。

鼓：鞭策者

角色原名	缩写	译名
Shaper	SH	鞭策者

鼓能加快团队的速度并推动其他成员。他精力旺盛、行动迅速。在压力之下能创造最佳成绩。他总是追求胜利而无视风险。当他真正施加压力时，往往会让其他队员胆怯气馁。

鼓的三大特质：自信，能激励他人，喜欢冒险。

钢琴：协调者

角色原名	缩写	译名
Coordinator	CO	协调者

钢琴能发掘并发展其他队友的优势和特长。在团队中他能起到协调作用，并能激励和鼓舞他人。钢琴负责与大家沟通对目标的看法并分派任务。他音域宽广，却不会提供太多新的想法。但他能掌握全队并且受人尊重。

钢琴的三大特质：以诚待人，平和稳定，目标明确

吉他：创新者

角色原名	缩写	译名
Plant	PL	创新者

吉他是团队里的创意提供者。他拥有创造性的头脑，喜欢打破常规。劳心费力的执行工作他更乐意交给别人。吉他往往不善于清楚地解释自己的想法，对于已有的体制抱怀疑态度。

吉他的三大特质：充满幻想，打破常规，有创新精神。

竖琴：监评者

角色原名	缩写	译名
Monitor Evaluator	ME	监评者

竖琴是一位具有批判性的思想家和分析员。他能看透最错综复杂的问题。竖琴很谨慎，在同事圈子里冷静自持，只会根据实际情况作出判断。制定战略是他的专长，而对于做决断，他往往犹豫不决。

竖琴的三大特质：实事求是，善于分析，行事缜密。

圆号：完美主义者

角色原名	缩写	译名
Completer Finisher	CF	完美主义者

圆号是幕后的规划人和牵引者。他让团队的工作更细致精准、更有条理。圆号非常注重工作的有始有终。他可靠的直觉能告诉他，团队正面临什么样的情况。

圆号的三大特质：有远见，一丝不苟，直觉性强。

小提琴：凝聚者

角色原名	缩写	译名
Teamworker	TW	凝聚者

小提琴是一位重视社交和沟通的队友。他乐于助人，适应能力强，能维持和谐的气氛。小提琴懂得理解和倾听他人，是一名很好的调解员。但在艰难的决定或是激烈的竞争面前，他往往畏缩不前。

小提琴的三大特质：团结友爱，乐于助人，灵活应变。

第三篇

企业即兴曲

SPITZENTEAMS DER ZUKUNFT

so spielen virtuosen zusammen

即兴式团队合作正成为很多企业新的文化。新生代企业通过这种团队合作方式，灵活地应对新形势、新任务。企业中各种类型人才的智慧终于被释放出来，他们基于天赋和兴趣来创造价值；属于人才的时代真正到来，未来的企业将以人才为中心创造环境，阻隔团队合作的一切障碍将被拆除。

曲目 6

未来的企业：从古典乐到即兴曲

> 我们不过是一直在即兴演奏而已。我以前完全不知道自己要干什么，但我从来都是鼓手。
>
> ——独立摇滚乐手凯尔·亨德森

当我站在一大群穿着制服的人中间时，忍不住暗自发笑。这些听众都是来自海陆空三军以及宪兵队的军人。这场为荷兰军队进行的演讲对我来说就像是一场回到过去的穿越之旅。这里得先提一提我的个人经历。我的职业生涯始于军队，那是在1979年，荷兰还在实行义务兵役制。那个时候荷兰国内的失业率非常高，而义务服役四年的人则可以得到较好的就业机会，而且退伍以后还能继续领取整整一年的工资。

演讲现场的军人们身穿制服，佩戴着绶带和勋章，看上去活像是来自另一个时代。特别是他们当中年轻的姑娘、小伙子，更有点穿了戏服的感觉。我心想，他们身上穿的是旧时代的制服，执行的却是新时代的任务，这可真滑稽。这些军人隶属于国际队伍，为解决矛盾冲突他们常常被派往世界各地；因为要和不同国家的军人合作，他们必须不断适应异国文化。

在讲演结束后，一名年轻的海军上尉走了过来，他笑着对我说："我现在知道了，原来我不仅仅能敲鼓，还可以弹吉他。我从前认为，在部队里只需要会敲鼓。今天我明白了一点：不能再继续奉行教条主义。我们亟须新的想法！"

如果你喜爱古典音乐，那就一定熟悉我下面要说到的这个古典音乐会的传统礼仪。当音乐会快开始时，观众提前到场并找到自己的座位。如果是一场交响音乐会，那么首先上台的就是管弦乐队。这个时候你还可以放松地和邻座聊聊天。当全体演奏家各就各位后，全场就会鸦雀无声。所有人都在等待着指挥，静候这位乐团领导和大师的到来。然后，他来了，全场鼓掌！他走上指挥台，转向管弦乐队。这个时候一定要保持安静，只有在全曲结束之后才可以再次鼓掌。千万别在段落中间鼓掌，否则你就暴露自己有多外行了。而且也别咳嗽，这是最糟糕的行为，比在乐章中间鼓掌还要糟糕！在享受音乐的过程中可要非常安静才行！演奏严格按照乐谱进行的，如果你是一位资深听众，你可能早就熟悉了每一个音符，那么你只需欣赏指挥的精彩演绎，品味与上一场演奏的微妙不同。在这里起决定作用的是那位指挥，那位领导和大师。乐曲该如何演奏，全由他来决定。因此，所有的掌声都是朝着他去的。但别忘了，等全曲结束再鼓掌！如果你不太确定乐曲是不是已经完全结束，那么最好别拍手。

如果你不喜欢古典乐，也许会觉得这样一种礼仪颇为古板，那么听交响音乐会多半不会是你消磨夜晚时光的理想选择。不管你是否喜欢古典乐，它的形式恰恰反映了200年来各个企业的组织模式。在企业里，起决定作用的也是大老板。大家的目光都追随着他，就如同在音乐厅里大家都盯着指挥。在技术型企业中情况也一样。比如在苹果公司，史蒂夫·乔布斯终身都像精神导师似的受到尊崇。和音乐厅一样，在一些传统企业里或多或少都有一套着装规定，像银行和保险公司就要求职员穿深色套装。更重要的是，传统企业的乐音也同样是严格按照曲谱演奏出来的！也就是说，顺序、角色和流程都规定得一清二楚。在古典音乐会上，双簧管演奏者不会中途改奏圆号或客串鼓手；而在传统企业里一般也不会出现临时调换角色的情况，也没有人会平白地得到独奏的机会。除了正式的流程说明和规章手册之外，还有大量礼仪、大量不成文的规定和“Dos and Don'ts”（该做和不该做的事）。想要青云直上的人，除了熟悉本职工作之外，还必须精通以上种种。

> 有可能会出现这种情况：我想尝试全新的演绎，但指挥和乐队没有理解我。于是乐曲马上就会失去和谐，要花上一段时间大家才能重新协调一致。
>
> ——小提琴演奏家希拉里·哈恩

多年以来，古典乐危机一直是个广为谈论的话题。古典乐缺乏年轻听众，受众群日益老龄化。而在传统企业中情况也大致相同。它们缺少年轻的人才，天分出众的Y世代对缓慢拖沓的流程和落后过时的规章毫无兴趣，他们按照自己的兴趣挑选老板。年轻的一代想在工作中积累有用的经验，而不是凑合着赚点钱。于是新型的、打破常规的颠覆性企业应运而生。他们不再跟着乐谱走，他们不玩古典乐，他们喜欢“Jam”。Jam也就是：几个人任意地起一个头，然后在合奏的过程中产生新的创意。通过这种方式组织机构最终将实现以人为本，而不再让大家改变自身以迎合组织机构。

传统等级制组织需要敏捷性

不知你是否已经注意到，人们在描述商业行为的时候经常会借用军事用语。我们常说，销售部门站在营销“前线”；财务部上报了充足的“战备资金”；管理层发展出新的“战略”或者“战术”。而作为老板最好是一位真正的“好战者”，能带领着他的“大军”奋勇向前。如果运气不好，打输了一场专利“战”，那么有可能不得不从市场上“撤军”。或许这并非巧合，毕竟军事机构的出现要比商业机构早好几千年呢。

早在2000年前，罗马军队的士兵就已经超过了150 000

人；而当时的经济尚且立足在农牧、小型贸易和手工业的基础之上。难怪在工业革命之后的关键时刻，人们想到要借鉴历史悠久的军事经验，建立起拥有成千上万名员工的大型商业组织。20 世纪初的企业教父泰勒曾宣扬，商业就像是一台上过油的军事机器。泰勒的一个基本观点是，员工不应该知道其工作任务的整体背景。他提出过一个口号：命令就是命令！信息的传达只能是“从上往下”，从下层产生的反馈意见被认为是企业秩序的妨碍因素。

正因为我们的商业组织源自军队，我很有兴趣对军队目前的情形作一番观察了解。和仿效者相比，这个原型的境况又如何呢？我首先看到的是，不管军队还是商界，现在面临的挑战非常相似：两者的工作任务都越来越复杂；高科技渗入了每个角落；各个机构都必须调整自己，以便迅速灵活地应对新的情况。不管在哪里，国际化和文化多元化都是一大趋势。我服兵役的时候，西欧国家还非常明确地把苏联和华约组织看作死对头。如今的形势早已不同。但是矛盾冲突依然在世界范围内普遍存在。军队的主要任务不再是抗击入侵本国的敌军并支援盟国，他们更多的是被派往世界各地维护和平、缓解冲突并确保安全。

> 商业不是战争也不是零和博弈。一家企业如果为它的股东赚到了钱，那就是成功。它不需要消灭自己的竞争对手。
>
> ——美国专栏作家比尔·斯奈德

以荷兰海军为例，他们目前的经常性任务就是打击海盗，在非洲以及其他危险水域保护荷兰商船。在从前，海军对这种类型的任务是毫无准备的。那时，他们需要做的是观察苏联潜艇，在形势严峻的时候还要想办法将其击毁。在文化背景不同的地区执行维和任务是一个更大的新挑战。作为支援者的军队如果不能被当地人接受，那么整个任务就有可能失败。因此今天的军人必须敏锐地感知陌生的文化。而在作战区域也经常需要翻译和联络人员，以便与当地的民众建立起积极友好的关系。举例来说，欧洲青年如果作为士兵被派往伊斯兰地区执行任务，就可能会因为生活习惯以及价值观念的不同而导致激烈的冲突。即使只是出于善意给当地小孩送了一件礼物，甚至都有可能让孩子受到严厉的处罚。

在这场演讲开始之前以及结束之后，我都和军人们进行了交谈。通过交谈我清楚地了解到，很多人的工作都经历着翻天覆地的变化。军队是一个极其传统的等级制机构，它必须进行大刀阔斧的革新。与此同时，军队也非常希望保留自己的某些传统，比如军装、进行曲、礼节仪式等。这一点我非常能够理解，因为这些东西能让一支队伍在更深的感情层面上融为一体。在足球比赛中，球队的队服、旗帜还有球迷围巾等也发挥着相似的作用。不管是在荷兰也好，还是在其他西方国家也罢，军队能否顺利完成这一转身，其答案非常令人期待。而那些至今还保留着和军队类似的等级制度的商业组织，也面临着相同的情况。欧洲各国的铁路局就是其中一例，它们的工作制服甚至像极了军装。而在当今世界，等级、命令与控制越来越不被人接受，在这样的形势下上述机构又将如何运作下去呢？

如果我们对团队角色角做一番观察就会发现，在保守的等级制企业里低音提琴总是占绝大多数。担任这一角色的人通常非常忠诚，他们勤劳肯干，即使碰上不愉快的事情也不发牢骚。军队有的时候就是彻头彻尾的低音提琴乐团！然而低音提琴的沉默和严肃现在却让传统机构问题频发。低音提琴不太喜欢谈论自己的工作。但在一个沟通与信息型的社会中，迅速的沟通和知识的共享是关键所在，对交流的抵触将会阻碍发展。这就需要有小号和小提琴的加入，因为他们有很好的沟通能力。如果再能有更多创意不断的吉他，那么大家急需的新创意就可以投入实施了。

商业新强音：即兴演奏（Jam）

几个音乐发烧友聚在一起，手里拿着各自的乐器。其中一人开始奏响此刻涌现在脑中的旋律，比如吉他手拨动琴弦奏出乐音，然后另一位乐手加入进来，跟随吉他的旋律开始合奏。陆陆续续地，所有人都加入到音乐中来，携手共奏。这就是被称作“Jam”的即兴演奏。流行音乐界大部分的新歌都是从这样的 Jam 中产生的，Jam 演奏极富创造性，其目的就在于创造新的作品。而古典乐的新曲目却是由作曲家来完成。大多数时候作曲家独自坐在钢琴边，思考一番，试弹几遍，然后记录成乐谱。Jam 不是作曲，而是实验，并且是以团队的形式进行。

除了以创作新歌为目的的 Jam 合奏以外，还有专门的 Jam 演出。这种在公众面前进行的表演也称为 Jam-Session，主要为爵士乐。表演的时候乐手没有乐谱，大家事先商量一番，然后一起即兴发挥。为了避免乱成一团，事前必须把基本的东西商量清楚，比如统一音调和节奏，大致定出单个乐曲的演奏时长等。每一个演奏者都有独奏机会，可以自由发挥，这也是非常典型的一点。我认为，对一场炫酷的 Jam 表演来说有两点至关重要：第一是信任。所有人都相信同伴，相信对方有能力让音乐顺畅无阻地进行下去。第二是乐趣。在 Jam 表演中，不管是观众还是乐手都能从每一个节拍中享受到乐趣。乐曲进行过程中时常会有出人意料的精彩发挥，如果没有信任，是不会有乐手敢做这样的尝试的。Jam 还有一个特点，那就是没有嫉妒心。每个人都有表现机会，每一个不同寻常的念头都会受到欢迎，并得到同伴的热情响应。

我认为用 Jam 合奏可以恰如其分地比喻商业机构中越来越常见的现象，它同样也可以用来形容未来团队的典型特征。即兴的团队合作中诞生出了新的创新形式。创新从来不听命于人，但是从前的企业中却有着许许多多的规则，规定了应该如何制定新方案。到底谁有“资格”进行创新，在企业里也往往由职能角色来决定。最典型的是在大型集团里的研发部门，不管是从前还是现在，工程师以及其他研发人员都关起门来按照本部门的固有规则进行发明创新。而在未来，创新将更多地来自实践。每一个员工都会不断地与同事、顾客以及伙伴交流，反思常规方式方法。每个人都敢于尝试新的东西。如果行得通，那么其他人就会加入进来携手合作，就像Jam合奏一样。

在企业中，Jam不仅仅意味着创造力。企业的日常行为也在从“古典乐”向“即兴乐”发展。细节化的操作指南以及死板的岗位守则渐渐变得不再重要。迅速确立可靠的基调然后娴熟地临场创作，这才是对卓越团队来说更加重要的事情。将来，临场发挥指的不再是在出了问题时快速寻找补救办法，更多的是指迅速的、创新性的合作，就像Jam演奏那样。正如每一场Jam-Session，信任是关键。只有相互信任的员工才能够积极、有创意地即兴发挥。

从古典到即兴，这是很多企业中的一种新文化。新生代企业已经做出了示范，它们从根本上消除了等级体制，杜绝了官僚主义，给予每个员工做决定的权利，这些在从前都是无法想象的。今天，旧商业世界生机尚存，与此同时新商业世界却在崛起成型，这就导致自相矛盾的情况频繁出现。举例来说，我们一方面在促进团队合作，另一方面又想继续给大家定出不同的工资等级，这显然不合情理。

一个真正的团队在取得成功后应该用相同的标准酬劳每一个人。

再举一例，当今的企业中经常进行各类评估，这让企业成为战场。员工们争取从上级那里获得好评；为了从总公司获得相应的奖励，分店、分公司尽量从顾客那里获得好评；如此种种不一而足。但是这种经常性的评估并不能带来创造性的解决方案，也不能优化工作流程。如果每个人总是不得不考虑某项创新行动会不会给自己的评语带来影响，这反而会增加不信任感。更何况，评语还关系到工资和奖金。有的企业开始让员工评定他们的上级，这种做法也并非好的解决方式。

Jam 显然不同。在即兴演奏过程中，谁也不会在意自己的办公室是不是比别人的大。与办公室大小相比，未来的团队更关心对于当前任务来说什么样的工作场所是最好的。然后团队会根据具体情况调换工作场所。现在的一些企业中，团队成员们可以每天根据具体需要挑选合适的工作场所，有时候是一间宽敞的开放式办公室，让所有相关人员能迅速碰个头、商定工作事项；有时候只是一个小小的单间，可以暂时提供一方僻静空间，让员工不受打扰地准备汇报演讲。但时至今日针对工资的新模式还太少。加利福尼亚的一家食品生产商 Morning Star 从几年前开始实践一项新的工资模式，由员工选举出来的委员会决定工资高低。

一家建筑公司的即兴曲

“荷兰的房地产市场会步希腊的后尘吗?”这是蒂尔堡大学金融学教授德克·布劳恩在接受地方刊物《诚信日报》采访时提出的问题。这已经是好几年前的旧事了。当年，荷兰的抵押债务居世界首位。采访结束后不久，房地产泡沫破裂，遍地的房屋都挂上了“出售”的标牌。德国《星周刊》上写道：“这是个由高额补贴福利房和政府资助购房组成的体系，其出发点曾经是善意的；但它却像回力镖似的转头又砸向了政府和公民。大批购房者负债累累，大量房产被强制拍卖，大笔买卖严重蚀本，银行还等着纳税人来拯救。这样的场景听上去酷似西班牙，在美国也已然经历过，而眼下却正在格罗宁根和埃因霍温这些城市中上演。”形势相当严峻!

当大批业主破产、大量房屋空置、一时间无人再建房的时候，建筑公司该怎么办?雪上加霜的是，它们还必须辞退一半的建筑师。建筑承包商完全有理由在这种形势下宣布破产，它们还可以像银行那样向政府申请救助。但林堡省的一家建筑商却采取了另一种做法。这家公司展开了Jam行动，而且还非常正式!他们推出了一个名为Future Jam的活动，目的在于集思广益，想办法重新盈利、度过房地产业危机。在此之前我已熟悉这家公司，我们早前的咨询培训公司 Cat Consultants——在我的上一本书《团队交响力》中曾谈到过这家企业——曾经与该建筑公司开展过合作。建筑公司以前的盈利目标定得相当高。在经济形势良好的情况下，做新尝试大多会比较轻松。然而在危机当中进行大胆革新，这就需要很大的勇气。

这项 Future Jam 活动为期一天。管理团队邀请了大约 20 人前来参加活动，没有任何公司员工或者业内专家。活动的目的主要是与客户以及来自其他行业的专家一起思考：作为建筑企业，除了常规核心业务之外，还可以开拓哪些补充性业务。在活动中，一名银行 CEO 以及一名老年人护理机构主任与该公司管理人员就此展开了讨论。管理层主要是听取意见并提出问题，他们的问题集中在：这与建筑业有什么关系？房屋一旦建成，作为建筑公司还可以提供哪些业务项目？

在这次的 Jam 活动中，针对公司能够在已建成的楼房中提供哪些服务产生了很多创意。这些创意都被仔细地整理记录备案。紧接着进行的就是团队的 Jam 活动，讨论怎样让公司在最短时间内尽可能多地实施这些创意。活动的运作方式也和 Jam 非常相似：让大批的员工各自负责小型的创意，直接动手实施。如果有成效，其他员工会加入进来共同协作。刚过一个月，该公司的 CEO 就给我打来了电话，他骄傲地告诉我，在这么短的时间内公司已经实现了非常多的新创意。

内观 →

你是否也有兴趣在自己的企业内开展一次创意 Jam 活动呢？那么最好请一位外部人员来主持活动！请注意不要让有资历的员工和专业人员成为主导。多听取客户和外行人员的意见！在 Jam 之后，要确保新创意有步骤地实施！

你也许会说，上述的一切还远远算不上是商业革命。没错，但这样的初级试验起到的是决定性作用。我们必须尝试一样东西，然后看看会带来什么变化。我并不建议任何人冒绝对的风险。事实上，许许多多的小尝试往往最终汇成大变革。我们也看到，越来越多以“即兴”代替“古典”的先行者获得了成功。上面提到的加利福尼亚食品公司 Morning Star 就是一个例子。

Morning Star 是一家拥有 400 名员工、营业额达 7 亿美元的企业。该企业完全没有等级制度，所有员工地位平等，谁也没有上级。管理学大师加里·哈默尔曾在他的文章中把 Morning Star 描述为未来的光辉典范，从那之后这家企业就小有名气。在那里，员工们实行自我管理，完全没有大老板。瑞士《商报》这样描述 Morning Star 企业原则：“每个员工每年都要和同事们一起议定一份合同。在合同里清楚地说明，该员工在接下来的 12 个月里要做哪些工作，并且要定下具体指标。这样的一份份合同交织成网，覆盖了整个公司，取代了由上而下的监控式管理。”我们从前的咨询培训公司 Cat Consultants 也采用过类似的办法。我们全体 15 人每年年终都要坐下来一起商议各人想要在下一年里做出什么样的贡献，比如，销售额要多高？提供什么样的项目和客户？假期有多少？这样就清楚明白地定下了预期目标。

所有的企业都能在将来运转良好吗？我不知道，但这不太可能。就好像将来仍然会有古典音乐和古典乐团一样，传统型企业也许还会存在很长一段时间。甚至在某些企业，不靠等级制度就无法运作。有的商业大师们宣扬：未来只会是这样而不会是那样，对这类说法我深表怀疑。我更相信，我们将会同时体验不同的东西：新旧杂陈，模式混搭。即便是古典音乐，也在作出改变。如今的电台会把乐章节选出来单独播放，这在从前可是无法想象的。

就连从前相当保守的古典唱片公司德意志留声机公司也在几年前推出了“黄色大厅”系列活动，在不同的俱乐部里举办欣赏会，DJ 们会播放古典唱片。2004 年 11 月在柏林人气俱乐部“Cookies”里举办的欣赏会上，Pet Shop Boys 乐队的尼尔·泰纳亲自上阵演绎古典名曲；2010 年的 Popkomm 展会主题活动中，电子乐 DJ 马修·赫伯特推出了自己的专辑《重构马勒》。这不是用即兴取代古典，而是即兴与古典的合作！

回顾

- 权威制、等级制企业正在转变为以团队为导向、创新、灵活的企业。
- Jam 对企业来说是寻找新创意的方法，在越来越需要即兴发挥的日常业务中它也是一种新的行事风格。
- 即兴发挥不再是指弥补错误或采取后备方案。以信任为基础的即兴发挥是一个灵活迅捷的团队的标志。

曲目 7

属于人才的时代终于来临

> 未来的音乐不应该把任何一名儿童或少年排除在外……日常生活应该用音乐加以表现。
>
> ——音乐项目 El Sistema 创始人
>
> 何塞·安东尼奥·阿布吕尔

那年我刚八岁，正在上小学三年级。一天，我的父母从家长会上回来，对我大发雷霆。我当时的班主任是一位十分严厉的教育工作者，她在我父母面前狠狠地告了我一状："里夏德这孩子一分钟也安静不下来，总是在教室里上蹿下跳。"她还说，"数学他一窍不通，字也写得一塌糊涂。"说完这些她觉得还不够，又补充道："除此以外，他还经常殴打其他的孩子。"什么？我打人？后来事情弄清楚了，原来这位班主任把我和另外一名同学搞混淆了！可这也于事无补啊，我的父母气得差点儿把我转学到一家极其严格的寄宿学校。

后来的几年里我有了一位新的班主任。他完全不为我忧心忡忡。他对我父母这样描述我："里夏德活泼好动，聪敏伶俐。他没办法一直安安静静地坐在椅子上，于是我就让他时不时在教室里溜达一圈，然后他就能安静下来继续听课了。"从那之后我的父母就不再考虑寄宿学校的事，对他们来说天下太平了。

童年发生的这件事让我至今记忆犹新。成年人往往也会碰到这样的问题：我在其他人身上看到了什么？是缺点还是优点？其他人是否必须适应我的原则？或者我可以创造一个适合的环境，让其他人保留自己的与众不同。我想说：只有能让他人看见的才能方可称为才能！在新经济世界里我们将转换视角。在团队中，人才处于第一位。人才的时代终于来临！

在我们的教育体制里，一直只有那些在课堂上一声不响、认真听讲、死记硬背并且默默遵守各项规定的学生能获得褒奖；比起富有创造性的学生来，学校更偏爱分析型的学生。当然这其中肯定也有例外，但从大范围和整体上来说，事实就是如此。对适应规则的学生，学校给予奖励，那些有创造力的捣蛋鬼则受到学校的惩罚。放眼再看企业界，往日的学生业已成年，他们如今就在各大企业工作，而这里的情景依然和学校非常相似。虽然有一部分颠覆性企业愿意接纳爱惹麻烦却富有创造力的员工，但这样的企业仍然是绝对的例外。正像在学校里那样，在大多数的企业中适应能力好的员工会受到褒奖。重点是指挥想要怎么样，乐队就会跟着指挥走！

然而问题也就随之而来：个人的才能常常难以展露，更难以施展。只有被发现、被支持，天赋才能真正得以发挥。如果按照我那位严厉的班主任的做法，我可能一无所长乃至一事无成。但回想后来的职业历程，我的经历其实相当丰富：从音乐界到体育界，从开培训班到成立公司，后来还为荷兰的龙头企业做过顾问。要发掘天分就要具备一个前提条件，那就是永远不要用唯一的标准来衡量他人，不管在学校还是在商界都一样。只有看到、认识到天赋的与众不同，才能创造出适合的环境，让所有人都能平等地发展。

未来的团队基于人才天赋而搭建

传统企业经常埋没天赋。这并非出于某种恶意，只不过因为主管人员经常戴着一幅特制眼镜，他们透过特定的过滤镜片来观察自己的员工。这个过滤镜片就是：是否适合某项工作？今天的大多数企业都是按照这个标准来评判员工的。企业对每一项有待完成的工作任务，都有着特定的、不变的设想。他们坚持认为，只有拥有相应学历、经验和个性的人方能胜任这一工作。于是，公司就按照这些标准寻找适合这项工作的人。在招聘的时候经常会有一份正式的岗位描述，详细列举了对求职者的具体要求。

古典乐也是这么运作的。每一部作品的乐谱、乐器数量早已是固定的。接下来的任务就是给每一件乐器找到演奏者，然后按照作曲家定下的乐谱来演奏。指挥给出指令，确保人人曲调一致，没人扰乱节拍。在古典乐中，乐曲是中心，演奏者必须跟着谱子走，他们顶多可以进行不同的演绎。企业使用传统方式招聘新人本也无可厚非。如果是招聘职能人员，岗位描述可能会起到很大帮助。但这并不意味着企业就离不开这些东西。话说回来，目前还没必要完全取消这些东西。

但是在未来，越是有真正团队的地方，将会越普遍地从古典走向即兴。换句话说就是，摆脱僵硬刻板的任务描述，走向开明开放的体验尝试。在真正的团队里，成员并不会太多，他们能真正紧密地共同合作。在这里流行的是Jam。在即兴演奏的过程中，演奏者是重点和中心！只有共同合作他们才能创造出作品。因此，未来的团队需要的是天赋，而不是符合某个岗位描述的员工。未来的企业以人才为中心来创造工作环境。在Jam——即团队的创造性合作的过程中，会形成对环境的具体要求。这意味着，工作环境要不断根据新的人才以及人才之间的合作情况做出适配调整。

内观

下面的这些问题能帮助你更好地发掘自己和他人的才能：你真正擅长的是什么？在做什么事的时候你心情愉快，甚至会浑然忘我？你曾经因为什么样的事得到过很高的评价？你常常会因为什么事情获得别人的称赞？别人经常找你帮忙做什么样的事？

未来团队的组建方式将和我们现在熟悉的方式很不一样：有才华的人们走到一起来，每个人都可以先试一试自己最适合哪个位置。这就需要有全新的视角。人们关注的问题将不再是：对这件任务来说，这名员工是不是最佳人选？人们会更多地关心：这个人是谁？他能给团队带来什么样的优势？还有，他和他的才能是否能与已有的人才相互融合？可能性是无穷尽的，但请注意，依据的仍然是效率原则！谁想在高手云集的顶尖团队里占有一席之地，就必须能做出突出贡献。在工作中不能拈轻怕重，而应该为大家的利益充分发挥自己的才干。为了确定怎样才能达到更好的效果，可以进行尝试！

你可能会提出异议，照这个办法怎么可能组建团队呢？要扩大一支队伍，总得对需要什么样的人员有个设想吧。这么想并没错。但迄今为止，团队的组建主要是围绕职能角色，而极少围绕团队角色来进行。未来的团队建设着眼点在团队角色：乐队目前缺少哪些乐器？如果我们有足够的创造力和即兴发挥能力，但欠缺实施能力，那么我们就还需要一把低音提琴；或者，我们缺少创意，那就需要吉他；再或者，团队节奏散漫、拖拖拉拉，那就需要一面鼓。梅瑞狄斯·贝尔宾已经通过研究证明，正确的角色搭配是顶尖团队成功的要素，而正式的学历或是工作范围的划分则处于次要地位。

优秀企业对待人才的十大要点

优秀的企业是如何对待人才的？它们把人员及其才能摆在中心位置。对于想要改变人才现状的企业，可以把以下的十大要点作为工作指南。

1. 全面为人才的成长发展创造环境。

2. 确保在人才发展的问题上所有高层管理人员都积极地参与进来。人才问题并不只是人事部门的工作。

3. 确保企业新晋人员从一开始就有清晰明确的期望。

4. 成立专门小组，刺激协作和知识共享。

5. 让全体管理层对人才发展和晋升制度做出明确的承诺。促进员工自身发展，人人有责！

6. 把人才发展与相应的企业战略结合起来。依据现有人才制定战略，而不是依据战略管理人才。

7. 尽可能多地提供反馈信息。有才能的员工经常需要来自不同角落的反馈，以便迅速地发展自我。

8. 经常性地与年轻人才探讨他们的发展问题。维持良好的企业气氛，让所有人都能开诚布公地谈论自己的成功和失败。

9. 别在不该省的地方省钱。确保有充足的财政资源来实现人才的发展。

10. 确保企业中每一个人都支持人才发展方针。比如，可以通过定期开展集体活动来到达这一目的。

未来顶尖团队的过人之处在于它们能透过独特的视角来看待人才。它们首要的问题是：还缺少哪些乐器？一旦找到了缺失的乐器，就可以开始Jam，开始这种彼此信任的团队合作。在Jam的过程中，老资历的成员们应该认真仔细地观察：这把低音提琴、这把吉他或者这面鼓各自有着什么样与众不同的才华？什么样的情况下乐音最为动听？在共同的协作下新的乐章就此产生。Jam还意味着，当有新成员加入的时候，全队都要跟着作出调整。新加入的乐器并不需要迎合其他已有乐器，所有成员要不断地相互协调保持一致。未来的企业应该调整自己配合人才，而不是让人才来适应企业。真正采用Jam式工作方法的企业目前还非常少。然而偏偏是在那些最意想不到的企业中，我们见证了Jam。下面的故事就是其中一例。

一场精妙绝伦的Jam式人才招募活动

和所有德语地区的国有铁路机构一样，荷兰铁路局对外的形象也颇有官僚主义色彩。然而令人惊奇的是，它们的高层管理人员已经在大规模地采用Jam工作法，目的在于为企业的管理层赢取新生力量。这家拥有近27 000名员工的企业每年会进行两到三次招聘，寻觅25岁左右、极具潜质并且对管理工作有兴趣的青年知识分子。与此同时，不少远比铁路局更受欢迎的企事业单位每年也在争抢精英人才。

据《2013年毕业生就业趋势调查》（Tendence Graduate Barometer 2013）统计，荷兰最受高校毕业生欢迎的三大企业分别是荷兰合作银行、安永公司，还有喜力。同时上榜的还有一大批国际知名集团，从毕马威到联合利华，从阿迪达斯到耐克，再到谷歌和苹果等大牌企业都榜上有名。但是铁路局没能挤入前100名之列。在针对工程师和IT专家的特别问卷调查中它也只是擦边上榜，排名第91。毫无疑问，要想吸引有潜力的人才，铁路局还必须作出相当的努力。然而它们采取了很有创意也很有实验性的做法。铁路局没有在求生模式中停滞不前，而是铺设了新的轨道。

铁路局通过网络开始了它的Jam式人才招募活动。如果你以为这只是提供网上求职表格什么的，那你就猜错了。具体说来是这样的：参加活动的人先注册一个网上游戏用户名。这个网上游戏当然拥有真实的背景：在游戏中设置的是真正的业务案例，玩家需要完成任务。而游戏的主持人可以在这一过程中通过玩家的表现对他们有一个初步的了解。因此，主持人非常细致地观察着：哪些玩家表现最机智？谁的解决方式最有创造性？谁干劲十足并且始终如一？谁很有团队精神，能与他人通力合作？

游戏的第二轮中玩家数量有所减少。留下来的是在第一轮中表现特别机智的年轻人。他们拿到了难度更高的新业务案例。在第二轮结束之后有 60 名玩家脱颖而出。他们被邀请前往位于乌特勒支市的铁路局参加为期一天的活动。大多数人可能都以为这个活动将会是继网上游戏之后的实战考验。可是让他们大为意外的是，活动正式开幕之前先为大家送上的是我的“乐器秀”。于是我走上台去又唱又跳还弹奏着乐器。这个表演在活跃气氛的同时还清楚传达了一个信息：你们的才华是中心和重点！每个人都能演奏不同的乐器、拥有不同的才能，而铁路局应该利用这一点建立一支和谐的“大乐队”。

从中午开始活动才正式进入考核部分，考核以角色扮演的方式进行。再一次让这群年轻人大感意外的是：高层管理人员，甚至包括董事会成员都全程在场，他们兴高采烈地和大家一起扮演各种角色。于是会场上会出现这样的场景：CEO 在扮演乘客，而一名年轻的高校毕业生却要面对自己的老板讲解铁路局的方针政策。除了这样的场面，活动还提供了大量真实场景以及权威案例，对年轻的与会者来说，这一整天精彩得像一部惊险电影。整个活动充满了乐趣，特别重要的一点就是：这里没有正确和错误之分，业务案例也没有事先定好的标准答案。大家所要做的就是真真正正地发挥创造力一起合作。新的想法是受欢迎的，个人的天分应该得到展示和发扬。这一切让这场考核成为真正的 Jam！

以人才为中心的时代

从 2013 年起，位于乌特勒支市的荷兰铁路局向世人展现了别具一格的全新面貌。来自阿姆斯特丹的建筑公司 NLarchitects 把铁路局的那栋十五层高、建于 20 世纪 70 年代的水泥大厦从里到外翻新了一遍。为了营造全新的环境，整面整面的墙被拆除，大片大片的地板被敲碎，原来的办公室被活动的工作台取代，有的区域搭起了隔音的单人工作间用来打电话，新搭建的一排共同工作间可以给各个小组提供临时碰头场所。所有设计都非常酷。每层楼都有名家雕塑作装饰，还有大量来自世界各地铁路的物件，比如车站的时钟、站台的坐椅等。

毫无疑问，这么棒的环境会让很多人都愿意在这里工作。但我仍然要提出劝告：不要太信赖建筑。我甚至觉得，在过去的几年里人们过高地估计了建筑和设计的作用。当然，比起邋遢的环境大家都更愿意在优美的环境里工作。有这个能力的企业，当然可以把办公楼好好地设计装修，对此我并不反对。但是起决定作用的并不是楼房和空间。在我熟悉的企业当中，有些就相信了新的建筑能带来新的文化，事后却非常失望。开放的空间并不一定能带来开放的头脑，头脑的转变才是关键。高度创新的顶尖团队即使在老旧单调的楼房里也能出色运转。

让人才能够被发现，这是关键所在。然而这样的事情还发生得太少。最近我拜访了欧洲最大的电信集团。它们的建筑群让人无可挑剔，部分办公楼还出自名家之手，甚至被收入了建筑指南手册中。然而在人际方面观察到的情况却让我大吃一惊。当CEO面对着集团的200名优秀经理发表讲话时，坐在第一排的人都在干什么呢？大多数人不是在摆弄手机就是在平板电脑上收发邮件。在这个集团里也完全看不到团结的迹象。对于CEO的讲话，其他的经理们只是应付式地听了听，讲话结束后CEO在会场只逗留了大约五分钟就不见了踪影。我暗暗问自己：把全集团薪水最高的200多人召集起来开这么一场会议，而他们却不能认真地听取彼此的意见，那么开会的意义何在？实在荒谬！

才能是什么？

当一项工作能发挥你的才能时，你取得的成就可能自己往往觉得稀松平常，但对于周围世界来说却非同一般。做这样的工作时你不会觉得费劲，反而会心情愉快，甚至一干起来就会忘了时间。一个人的才能只有在被他人认识并受他人肯定的情况下才可以称为才能。

冷漠是当今普遍存在的一个问题：对其他团队成员视而不见，对他人的才能不闻不问。先别忙着翻新办公楼、重建办公室，在这之前还有一些更为重要的事需要完成。要把漠视改为正视，要把人才从始至终地摆在中心位置。

当我说这些话的时候，常常会有很多人点头赞同。但是，谁来完成这些任务呢？正视才能、发展才能并不是一项尖端科技工作。用心观察，并走进人群，人人都办得到，只要愿意。很多研究调查早就证明，那些以人才为导向的企业不管用哪项企业标准来衡量，几乎都能得高分。

以人才为导向的企业：

- 营业额更高
- 产品质量更好
- 开发出更多新产品和新服务项目
- 利润率更高
- 市场占有率更高

采取新的态度是第一步，视角的转换远比其他一切来得重要。不要把人挤压到某个模子里去，而应该开放思想，放手尝试，人们的潜力会带给你重重惊喜。这样的一种态度就已经能带来极大的改变。本杰明·詹德是著名的音乐教育学家，同时还是波士顿交响乐团的常任总监，从他那里我听到了一个让人印象深刻的小故事。詹德经常会做一些有关团队领导力的专题讲座，他还在达沃斯世界经济论坛上作过演讲。每次新学期开始的时候，他总是对来听自己讲课的高校新生说同样一段话："期末考试我会给你们每个人都打满分。"一听这话学生们惊讶极了。接着詹德补充道："唯一的前提条件就是，现在你们每个人都给我写一张单子，列出应该给你们最高分的理由。"这是一种真正的、大胆的视角转换。老师的评定不是关键，关键在于，老师努力让学生去认识自己与众不同的天分所在。

那么老师就该对一切负责吗？不，这是一种误解。对天分的开发，老师和学生应该负同等的责任。每一个学生都必须甩掉惰性和消费主义思想，要针对自身的才能发展参加学习和培训。企业和员工之间也应该是这种关系。企业应该转换视角，把员工的才能摆在中心位置。在将来他们应该为人才创造出良好的环境，而员工也负有同等的责任。

在将来，员工应该积极主动地寻求可以发挥自身才能的环境。现今的企业里有太多的员工消极怠工，有的人总是被动地等着企业给他们提供进修机会。这在将来会有所改观。如果谁适应不了所在的乐团，那么自己就应该负责去寻找更合适的乐队。高手们都非常了解自己的才能，也知道他们喜欢什么样的合作伙伴。然后他们为自己找到适合的乐团，而在那里他们也同样会受到欢迎。

幸好，现在终于在双重意义上迎来了人才的时代。第一，人才变得越来越重要，他们的时代已经来临。传统的企业将转变为以人才为导向的企业，它们的工作方法是 Jam 式的。第二，自动化和信息技术让日常工作变得越来越轻松。获取新知识变得前所未有地简便，用来实现新想法的技术工具也前所未有地多。这就节省了宝贵的时间。这些时间可以被个人用来训练发展自身的才能，直至成为个中高手。

回顾

- 能被发现的才能才可以称为才能，才可以得到发挥发展。未来的企业将转变视角，以人才为中心组建机构。
- 未来团队建设的中心问题是：这个人是谁？他有什么样的才能？他和他的才能是否适合现有的团队？可能性是无穷尽的；实验是应该和必需的。
- 即使是以人才为中心的企业，也并不担负着全部责任。责任有两种：对于企业来说，就是为人才创造环境；对于人才来说，就是找到适合自己的环境。

曲目 8

我能做什么？我们能做什么？

> 别人都想要演奏者们能亲密合作，想要大家在一切事情上都能统一意见，这在滚石乐队里很简单。我们从很久以前就是这么做的。我们能迅速地进入大家熟悉的律动。
>
> ——摇滚歌星米克·贾格尔

乔斯真的垮掉了，被职业倦怠症深深困扰。他请我给他做一次辅导，我们一起回顾了事情的始末。乔斯是个极有天分的人，精明干练，有雄心也有才智。在团队中他最擅长的是竖琴和圆号的角色，善于发挥思维力和感受力，同时他还掌握着代表执行力和意志力的乐器。这是个异常完美的搭配。在乔斯垮掉之前，他是某家中型电器公司管理团队中的一员，这份工作曾经给他带来了很多快乐。但在他感到倦怠之前的两年间，他再也感受不到任何乐趣。

“我不过是在干活而已，”乔斯这么告诉我，“如果我在回家的路上接到女友的电话，说家里有客人，那么我会中途停车，然后在车里继续工作直到客人离开。”乔斯发了疯似地工作。但他总是一个人干活，因此尽管他能够成功，但效率不佳。他越来越不快活，最后连女友也和他分了手。

乔斯还常常想要揽过别人的工作任务。“我的上司尼尔斯是一位非常优秀的谈判人员，他极其善于临场发挥，”他说道，“但我却不再信赖他了。我想把一切都规划好，按照我的方式来处理一切。”在辅导中乔斯突然想明白了问题出在哪儿：他切断了自己和周围人群之间的联系纽带。没有这条双重纽带，再高的天分也无法充分发挥出来。

试想，如果一名乐手整天独自待在家里练习乐曲，一天又一天地练着他的钢琴、吉他或者小提琴，只是一个人练，会出现什么情况？最后，他会成为一个还不错的乐匠，但不会成为真正优秀的音乐家，更不会成为大师。从新手到能手再到高手的这条道路，独自一人是走不通的。“只演奏乐谱而不演绎音乐是一名演奏者最严重的犯罪行为。”这是世界著名小提琴家艾萨克·斯特恩留下的名言。他想要告诉世人，音乐包含很多的东西，不仅仅是掌握乐器和演奏乐谱。这两件事独自一人就可以办到，而音乐意味着和他人共奏并为他人演出。

总是独自练习的人，可以在技术上得到提升，却无法真正地演绎音乐。因为没有人聆听，没有人共奏，更重要的是，没有反馈意见，既没有掌声也没有批评。即使独奏者也需要反馈信息。哪怕是像默里·佩拉希亚或是基斯·加雷特这些在舞台上独自坐在钢琴前边的大师们，也要从老师和同事那里听取意见，因为他们想与听众产生共鸣，想要收获掌声。独奏作品在全世界的音乐作品中占的数量最少，这不是偶然现象。演奏音乐总是意味着相互聆听、相互协调，然后和谐共奏。要做到这些，每个演奏者就必须知道：我可以对自己有什么样的期望，对别人又有什么期望？我有哪些可能，我们大家一起又能创造哪些可能？

在商业上情况也相同。只有当所有成员在自己与他人的才能之间建立起纽带，一个乐队才能奏响音乐。每个成员都应该知道：我敢于做什么？我对其他人有怎样的期望？独自练习毫无疑问非常重要；独自练习可以提高技术，但不会让最终奏响的音乐也自动得到完善。也就是说，每一项进修、每一项个人的发展，还有每一个新的想法，只有在团队中才能真正有所成效。在新经济世界中，独来独往的人会越来越艰难。他们中的一部分可能仍然会获得成功，但是效率不会太佳。很多人会不开心、会沮丧。而现在已经到了做出改变的时刻了！

团队属性：人类胜过机器人的根本

我时常会有这样一种感觉：旧经济世界最需要的是像机器一样工作的人。你觉得这话太夸张？那么，请想想，在过去的数十年间，哪些部门取消的工作岗位最多？这些部门首先用机器代替人工，然后又用计算机取代人。一旦有了更加顺手的机器人，那么有血肉的“人类机器人”就会被弃之不用。比如说，如今去银行取钱更多的是使用自动取款机，而不是像从前那样去柜台找营业员。银行对个人信用也不再通过人力评估，而是使用软件统计个人所有的资金流动，最后评定信用等级。当我们还在反复谈起“华尔街”时，这个纽约的老牌证券交易市场早已悄然改变。现在的华尔街不过是企业IPO以及各种庆典活动的华丽舞台而已，全美金融资本的心脏早已跳动在新泽西州的锡考克斯。在位于该市工业区中心的一幢水泥堡垒中，运转着纽约证券交易所（NYSE）的数千台服务器，它们通过程序将一笔一笔高额款项风驰电掣地汇向全球各地。

如果在将来的二十年中，真的会取消百分之四十的工作岗位，那么丢掉饭碗的将主要是那些“人类机器人”。反过来说，当一个人充分发挥自己的天分并且学会与自己的队友默契合作，那么他复杂多样的工作能力是不会那么快就被机器和电脑取代的。人类的优势就在于我们的复杂多样性。单独的工作步骤早就可以通过机器和电脑更快更好地完成，但是，迄今仍然没有任何一种人工智能可以与人类复杂多样的才能和天赋比肩。

在本书的第四篇里，我针对各个乐器——即八种团队角色——提出了相应的分析，这些分析为你指出了一条从新手到能手再到团队高手的途径。掌握了任何一种团队角色的人，都是难以被取代的。如果在新手的水平上停滞不前，恐怕不会比“人类机器人”好太多。即使是成为高层管理者的乔斯，在他崩溃之前也觉得自己像是一台担任管理工作的机器人。他独自运转自己的程序，和同事以及其他管理团队成员的交流越来越少。在整整两年中他不与别人合作，从未真正地调整过自己。渐渐地他不再信任别人的能力。诚然，经验丰富并且头脑过人的他一直都是一位高手。但很可惜，他并非团队高手！

团队角色需要的双重能力

默契无间的团队配合是以双重纽带为基础的：一条维系着自身的能力，另一条则连接着其他成员的才能。这里涉及的问题包括：我对什么样的事很在行？我和其他人携起手来又能办成哪些事？认知自己的才能是一件很不容易的事，通常都需要一个长期的体会过程。今年年初，我和朋友们带着家人一起去奥地利滑雪。我们几家的孩子都差不多在 17～19 岁之间。在缆车里我问这群年轻人，对什么事很拿手，在哪些方面有天分，会因为什么样的事而受到夸奖，他们大多数都不知道该怎么回答，其中也包括我自己的孩子。我儿子从 6 岁起就一直认为自己会成为世界名人，而现在他发现，这件事实在困难。了解我们自身才华的自我认知之路往往修远漫长。那些在四五岁的时候就展现出非凡才华的天才儿童都是绝对的例外。任何人都不应该因为要花很长的时间才能找到自己的优势所在而泄气。关键在于，要动身上路！

一旦了解了自己的能力，下一步就是积极地联合他人。自我认知已经够艰难了，然而即使极有才华的人也常常在与他人的合作中失败。高管乔斯就是一个例子，他虽然能精湛地扮演“竖琴”，“圆号”技术也相当不错，但仍然断开了与企业中其他合作伙伴的联系。只有在共同协作中才能培养出高超的能力，甚至是魔力。当一个团队的成员之间都能互相观察、互相了解并相互促进，还能从各方面收到反馈信息，那么这里必将成为团队高手云集之地。

内观

通过以下几点了解你是否与自己建立了连接：

- 你能利用自己的优势并了解自己的弱点
- 对自己天分的运用能给你带来乐趣
- 你能完成定下的目标并发挥个人的价值

通过以下几点来了解你是否与他人建立了连接：

- 你能认真聆听他人并相应地调整自己
- 你能珍惜、重视他人的才干和贡献
- 你所在的是一个非常适合自己的环境

如果乔斯能重返工作岗位，那么他就有机会从高手发展为团队高手。他可以发挥他精湛的“竖琴”和“圆号”技艺与他的上级尼尔斯重新协调一致。尼尔斯是一面能力不俗、水平接近大师级别的“鼓”。组织会议是他的强项，他总有很多有趣的事情讲给大家听。他善于鼓舞士气，在必要的情况下，他还能展现高超的临场发挥能力。即使在严峻的谈判场合，他也能一直保持良好的心态。但是，他常常准备不足，偶尔会遗忘一些数据，而且过于的乐观也让他忽视其他人发出的预警信号。而这个时候，乔斯则可以发挥“竖琴”和“圆号”的作用。乔斯可以神速地分析情势，哪里埋伏着陷阱他能马上察觉。两人在谈判中可以完美地合作：乔斯应该信任尼尔斯并把主导角色让给他；而乔斯自己可以运用他的两种乐器，在适当的时候助攻。

要想让团队的合作能默契圆满，最重要的就是要通过定期交流协调彼此的步调。这首先意味着要有反馈信息，此外，还要定期讨论有关合作与才能的话题。在我们从前的咨询培训公司 Cat Consultants 有一个议程要点，即针对我们的合作与才能发展进行讨论。这个话题在每周的例会上持续 15～20 分钟。我们经常互相询问：你进展如何？你有没有注意到别人的具体情况？你想要继续发展哪一方面的特长？你对其他人有什么样的期望？

在麦克·费舍的公司里，顾客的反馈很大程度上决定了合作的情况。各个团队会定期查看：顾客在我们的脸书页面上都写了什么？在旅馆的意见簿里、在培训课程结束后分发的调查问卷上都有什么内容？在把人才的发展作为固定战略的企业里，合作问题是团队永远的论题。发展自身、与他人的沟通这两者之间永恒的相互作用极为重要。团队高手的要诀之一就是，既对自己也对他人进行观察并予以重视。

团队角色能力的三种境界

我喜欢贝尔宾团队角色模式的另一个原因是它非常通俗好用。再加上我所使用的乐器比拟，可以让大多数人在短时间内就能进行自我评估。自己在团队里大多数时间是制定节奏的鼓，还是擅长交流、积极社交的小提琴？抑或是分析型的竖琴？在我的演讲会上，通常只需要讲解几个关键词，几乎所有的听众就可以对自己进行大致的评估了。尽管这个模式通俗易懂，但我慢慢地不满足于此。因为鼓和鼓是不一样的，小提琴也彼此不同。这里我又发现一个共同点：不管是乐器还是团队角色在演绎的水平上都会千差万别，有彻头彻尾的新手，有真正的能手，在两者之间还有许多水平各异的人。

用演奏音乐来比喻团队可能更一目了然。有的人只会弹一点简单的吉他曲目，但也足以在朋友聚会上表演一曲，反正酒过三巡，弹成什么样大伙儿都无所谓。如果只是活跃气氛，怎样都可以。而有的人却是吉他天才，比如像卡洛斯·桑塔纳这样的世界明星。在这两个极端之间，还有许许多多不同的能力水平。在团队中也是一样。我认识一些员工，他们对多种团队角色都掌握了一点，但不能出色演绎其中任何一个。我也认识了像医院行政主管劳拉这样的团队高手，在前文中我讲述过她的故事。

我仿照音乐的世界把所有团队角色划分为新手、能手，最后是团队高手，下面列出了新手、能手和团队高手各自的特征。

新手：

- 经常围着自己转，在团队中寻找自己的位置；
- 常常感到压力大，行动不够自如；
- 听他人谈话时感觉吃力，经常跟不上内容；
- 很容易感到不安，有时会出现非常尴尬的情况；
- 需要大量的外部输入，有知识上的缺陷；
- 需要从别人那里得到大量正面评价和鼓励；
- 对很多事情都持开放态度，不太愿意作判断；
- 别人很少会向新手征求建议；
- 当事情没按自己的预想发展时，常常会感到泄气；

- 经常以能手为参照标准来衡量自己；
- 有事业心和上进心，但常常显得很拘束僵硬；
- 与自己、与他人的沟通都不足。

能手：

- 拥有一系列发展成熟的可能性；
- 了解自己的三四项特长，常年勤练；
- 仍然有盲点，多半也清楚自己的不足所在；
- 有明显的偏好，并愿意确定下来；
- 在同一个环境中已待了很长时间，有时甚至太长了；
- 如果是团队老成员，有犬儒倾向；
- 善于倾听，能很好地调整自己并与其他人合作；
- 因为经历比较多而“皮糙肉厚”；
- 有时候只是个“参与者”，工作按部就班；
- 因为形成了自己的一套做法，所以常常能游刃有余；
- 需要时常推动自己向前发展；
- 常常在期待新的挑战；
- 如果没有推动力，可能一直碌碌无为；
- 薪酬不错，拥有不错的同事和大型人际网络；
- 与自己和同事之间的连接还算不错。

团队高手：

- 别人经常征求他们的意见或请求他们的帮助；
- 非常有自信，表现独立自主；
- 非常了解自己的长处和缺点；

- 拥有极多的可能性；
- 曾在不同的团队中做出优秀成绩；
- 被成功宠坏了；
- 寻找能让自己的角色充分发挥的环境；
- 得到过很多反馈，并从中吸取了大量经验教训；
- 不断为自己寻找更严厉的导师；
- 不断做新的尝试，突破自己的限制；
- 对尝试新鲜事物非常有激情；
- 不断扩大自己的影响范围；
- 有勇气；
- 可以和全部三种层次的同事良好共事；
- 非常善于发现他人的才能；
- 他们最想要工作的地方也常常是最需要他们的地方；
- 与自己和与他人的沟通能力都非常出色。

不论作为职能角色还是团队角色，我们所有人也许都曾经是新手和能手。我还记得我刚进销售部的那段菜鸟时光。我做过培训员，后来又成为演说家，但在此前我还在西门子公司做过推销员。推销员这种职能角色对当年的我来说是全新的。我非常没有自信，不断地把自己和一位很有资历的顶尖推销员进行比较。我们当时在同一个办公室，因此我非常清楚他的工作状况和我有多么的不同。为什么他的客户总是主动打电话找他，而我却得追着客户跑？为什么他差不多每打一次电话都能推销出一些东西，而我的客户大多兴趣寥寥?

从职能角色的角度来说，我的这位同事是一名优秀的推销员；从团队角色来说，他还是一面很棒的鼓。他有着高超的沟通能力，并且非常懂得如何激发客户的兴趣。作为新人最让我恼火的是，他干起活来似乎一点也不费劲。他只不过是一天到晚轻松愉快地做着事，然后一不留神就把最佳推销员称号扫入囊中。我想破了脑袋也没想明白他到底是怎么做到的。新人们常常不能理解，为什么能手和高手会那么游刃有余。你还记得自己在驾校学开车的情形吗？如果你之前曾偷偷练过车，那么状态大概不会太糟糕。但如果你之前完全没碰过方向盘，那么第一节课上你可能会不停地想：为什么所有人轻轻松松就能开这么好，只有我不行？为什么他们都可以放松地坐在方向盘前，还一边听着音乐一边聊着天？这对新手来说完全不可理解！

从图2中你也许已经看出来了，能手所在的区间往往是危险区域，危险就潜伏在他游刃有余的区域。一位能手对自己相当不错的能力是否感到满足？如果是，那么他在工作中就有按部就班或犬儒主义的危险。能手经常面临着选择：是继续留在老地方，还是转换战场继续发展。在现在工作的地方，他工作顺心，薪酬也相当不错，那么他将面临止步不前的危险。荷兰应用科学研究组织研究员彼得·埃森斯说：在将来这种情况会很普遍，我们每过三到五年就会换一个工作环境，以便继续发展。这对现在的许多满足于按部就班的能手来说是个必须适应的变化。而团队高手从来都在不断寻求新的挑战。他们是独立自主的能手，却从不完全满足，从不愿意停滞不前。他们得到的回报是，可以自主选择环境。他们想去的地方也正是需要他们的地方。

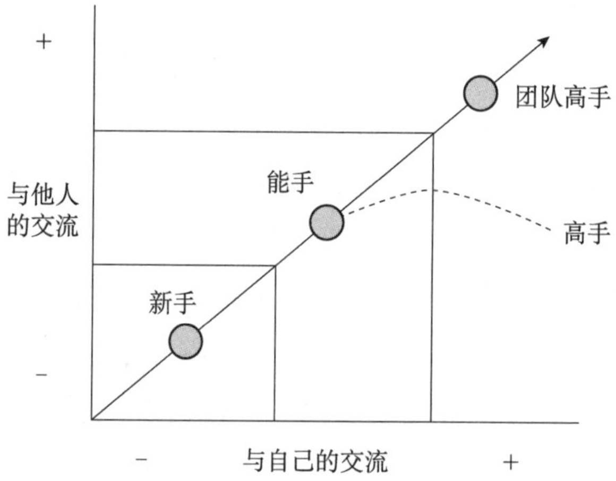

在从新手成为团队高手的过程中，与自己和与他人的联系都会递增。如果丢掉了与他人的联系，尽管也能成为高手，却成不了团队高手。

图 2

未来的顶尖团队全然由团队高手组成，这是本书的核心命题，我希望所有读者都能在本书的帮助下走上成为团队高手的大道。因此接下来的部分为你准备了针对全部八种乐器的练习。练习分为新手、能手和高手三个阶段。在这个独奏环节你可以先找出最适合自己的团队角色，然后加以训练。但也请不要仅仅局限于自己最喜欢的某个角色，真正的团队高手会练习所有的乐器，这样他们才能更好地对所有团队成员做出判断并展开合作。

> 你想要组合最佳的人才还是想要人才的最佳组合？
>
> ——团队模式首创人梅瑞狄斯·贝尔宾

没有人生来就是大师，要成为大师也没有现成的途径，不管在音乐界还是在团队里都是一样。团队高手知道有三点至关重要：第一，合适的乐器；第二，不同乐器的组合；第三，演奏单个乐器的水平高低。尽可能多地了解不同乐器的各自特点并且至少掌握两到三种乐器，这将使你在未来的团队中拥有明显优势。当今对才能的培养往往还非常的单一。举例来说，有一位才华横溢的企业创办人，他虽然是技术和设计界的名人，却是一名糟糕的领导，在他的企业里人人都怕他。这样的人如果弹奏吉他，那当然会给听众带来一场听觉的盛宴；但如果让他做鼓手或是弹奏钢琴，那一定是魔音穿耳。这再一次说明了，高手并不等同于团队高手。

我自己能做什么，而我们大家又能做什么？我有哪些可能性，我对别人又有什么样的期望？如果能不断地带着审视的态度寻求这些问题的答案，那么就能很好地维系与自我才能以及与他人能力之间的双重纽带。因此我预祝大家在接下来的独奏环节里收获多多，也快乐多多。发掘对你和你的乐器最为适合的练习，然后继续通过网上训练进行巩固加强。如何成为团队高手，其可能性是无穷无尽的。

回顾

- 只有当每个成员都与自己以及与其他成员的才能建立起联通纽带，一个团队才能和谐共奏。
- 想要确保自己在未来的工作环境里不会成为“边缘人”，就必须加强对自身才能的培养。人类复杂多样的才能是没那么容易被计算机取代的。
- 对每一个团队角色来说都有一个从新手到能手再到团队高手的过程。在这一过程中，与自我以及他人的连接呈递增趋势。

第四篇

角色独奏曲

SPITZENTEAMS DER ZUKUNFT

so spielen virtuosen zusammen

八种乐器所代表的八种团队角色有着各自的特征，你可以对照这些特征发现自己适合的团队角色及其优缺点。你可能处于所属角色的新手、能手或团队高手三个阶段，无论你处于哪个阶段，你都能找到对应的自我能力训练和提升之路，从而在未来的商业生活中立足。

曲目 9

低音提琴：执行者

> 我每天都在努力让自己成为一个更好的人。音乐同样需要付出努力。
>
> ——说唱歌手布卢米奥

团队中的低音提琴是态度务实、自律性强的工匠。他长于演奏，创造性的作曲工作却并非其所长。勤奋、有责任感是他的典型特征。

低音提琴的优点：

- 自控、自律
- 工作量大，承受压力的能力强
- 态度务实、看法合理
- 很有组织能力

低音提琴的弱点：

- 缺乏灵活变通性

● 对结果尚还不明确的创意持保守态度

作为团队中的低音提琴，你的水平如何呢？凭直觉给自己的能力打分，分值范围为1～15。

1	2	3	4	5	6	7	8	9	10	11	12	13	14	15
新手					能手					团队高手				

低音提琴新手

低音提琴新手行事低调。在小组会议中他多半是沉默寡言的听众，他等着别人下达指令，简明扼要的指令最合他的心意，具体详细的讲解让他浑身难受。安静地端坐听讲是他的弱项，他宁愿走向室外动手干活！他常常觉得理论都是瞎扯，缺乏实践性的培训让他觉得无聊。但他不会把自己的烦躁不满表现出来，因为他从不愿意引人注目。比起苦读专业书籍来，他更喜欢在实际操作中学东西。如果他发现领导制定的计划极有可能行不通，他仍然会实施下去。如果圆号碰到类似的情况早就开始大声抗议，但是忠厚的低音提琴会默不作声地继续干。他的冷静沉稳能让其他队友产生信赖，他带给大家高度的安全感。但是在工作中他看上去似乎热情不足。分派给他的任务他会默默地、很乐意地去完成。鼓励性质的意见对他并不重要，面对赞扬他会觉得不好意思。

低音提琴新手面临的挑战

低音提琴新手首先应该明确一点：他是团队中的重要一员。每个团队都需要像他这样的脚踏实地的执行者。支配型的鼓和外向型的圆号在团队中可能最引人注目，但没有低音提琴工作就会难以进行。如果低音提琴能明白自己也是团队的重要成员，他就能逐渐参与进来。其他的乐器不会自觉自愿地去顾及低音提琴，他们常常把低音提琴当作自己双手的延伸。对新手提琴来说，敞开自我是一大难关。低音提琴是很好的组织者，要制定可行的计划就少不了他的参与；否则就只能按照那些大嗓门、占主导地位的队员的想法制定计划，哪怕做出来的计划行不通。低音提琴拥有实用知识。作为新手他必须学会主动把自己的知识经验分享给大家。理论诚然不是他的专长，把求实的态度和实用的知识带到团队中来，这是低音提琴的任务，也是他的优势所在。

低音提琴新手面临的风险和隐患

尚未充分展现自身能力的低音提琴在工作中往往听命于他人，甚至随波逐流。他把领导或者是多数队友的意见作为工作的方向。低音提琴新手的一个常见问题就是，他有好点子，却不说出来。他的宗旨是：我最好还是再等等，先看别人要对我说什么。不需要自己思考，只需要把活儿干完，这在一定程度上会让低音提琴新手感觉安全舒适。然而这样的态度往往会给团队或者客户带来危害。我曾经碰到过这么一桩事：一位安装工人要在一扇窗户旁边铺设一根管子。当他按照老板交代的那样把管子分毫不差地安装完毕之后，窗户却没法打开了！我可以肯定，这名工人早就发现计划有问题，但他什么也没说。

沉默是低音提琴新手的一大隐患。当一个大型建筑工地上频频出现问题，最后不得不中断工程时，这样的情况通常是低音提琴早就预料到的，只不过一直没吭声而已。或者他也曾提起过，但因为提琴太畏首畏尾，所以没能引起重视。低音提琴新手的另一个隐患是，他对等级差异非常敏感。比起在室外工作的提琴，在办公室中忙碌的提琴更容易犯照搬教条的错误。吉他和圆号深深厌恶着等级制度，但这一制度却让低音提琴觉得自在放心。这就可能给团队的工作带来极大阻碍，团队需要的是灵活变通。

低音提琴新手的自我训练

承担责任并组织工作任务，这对提琴新手最有帮助。作为低音提琴的你如果是团队中的新人，那么你需要好好想想，可以利用哪些机会训练自己的组织能力。不一定非得局限于工作上的事情，安排组织全家人的郊游或者是朋友们的远足也是很好的锻炼机会。不要一个人安排这些活动，应该和大家一起制定计划。除了远足、郊游，还可以试着组织一次美妙的旅行。主动向大家提出，自己很乐意接受旅行的组织安排任务。

在团队中，你可以申请组织会议和培训，或者庆祝活动、节日庆典和旅游等项目。但注意不要特立独行！即使你觉得一个人去做这些事对你来说比较简单轻松，也应该让其他人参与进来；通过别人的参与你可以学习如何合理分派任务以及人员的指挥调度。对提琴新手非常有用的一个方法就是为计划和组织写“脚本”。在组织会议、培训、节庆、郊游的时候把每一个必要步骤先写下来，这可以帮助你和他人交流自己的想法。只有当其他人理解了你的计划，他们才可能施以援手。通过组织各种活动，低音提琴可以训练自己的组织能力。

低音提琴能手

低音提琴能手在团队中是实打实的“万金油”。他是工作狂，是精力充沛的实干家，他事事包办，高效率地组织安排工作是他的专长。良好的全局观是提琴能手的鲜明特点。以餐馆服务员为例，你可以从他们身上清楚地看到这一特点。提琴新手阶段的服务员总是在各个餐桌之间来回折腾，时常还漏掉一两个盘子忘记回收。而作为提琴能手的资深服务员，心里有一幅餐馆总览图，从一张桌上收走空盘子、放下账单，在返回途中还可以照顾其他顾客的需求。他眼观六路，不会疏忽任何一位顾客。客人只需点点头，他就随叫随到。提琴能手总是知道现在该做什么事，然后想办法解决。

提琴能手执行能力强，自律并且专注。对流程他了如指掌，能避免走弯路。同样，他也忠实于上级指令，但对于规则的理解他不再那么死板僵化。大多情况下他的行动都很注重实效。提琴能手绝对信赖自己的团队伙伴。他就像激流中的磐石，哪怕情况艰难。即使遇到危机，他仍能保持镇定并能总览全局。他善于独立思考，但与新手相比，提琴能手显然更愿意表达自己，水平越高的低音提琴越是能自信地表达自己的想法。在团队里也能听到他的声音，有意见他就会说出来。他总是依赖实践经验，理论性的纷争他基本上不参与。

低音提琴能手面临的挑战

低音提琴能手的组织天赋越来越受到重视。提琴能手首先要学会更好地组织安排自己的工作；效益和效率是两大关键指标。然后还应该朝项目管理和日程安排方面发展。提琴能手可以很好地演绎项目主管、活动管理者或是调度员这样的职能角色。他能从总体上把握下一步应该做什么。他应该注意，要有步骤地、循序渐进地完成工作。高水平的提琴能手能胜任建筑项目或是企业内部 IT 项目这一类的工作，但要注意的是，他必须学会与他人良好地沟通。提琴能手的沟通风格是实事求是、简明扼要。只要他能把事情讲清楚、讲精确，那么简短一点也无可厚非。

你也许在灾难电影中经常看到那种遇事冷静的人物形象：在一片混乱当中他镇定自若，还能指挥动员其他的人，这就是典型的低音提琴能手。如果他继续开发自己的优势，将成为团队中危机管理的最佳人选。优秀的消防员——不管是字面意义还是引申意义上的救火队员——通常都是低音提琴。越是训练有素的提琴，越是能在复杂的情况中把握全局。复杂棘手的情况将是提琴能手要面对的一大挑战。越是艰难的任务，提琴越是应当说出自己的想法。即使提琴能手天性寡言少语，他也应该学着参与讨论，而不是很不耐烦地闷坐一旁。

低音提琴能手面临的风险和隐患

业务熟练的技术专家在日常工作中有时会显得过于冷漠，这肯定会给团队造成问题，其他的成员会因为自己的情感需求得不到回应而失望不满。低音提琴可能技术很过硬，提出的办法也切实可行，但他这种“顽固的技术狂人”往往会引起其他成员的反感。因为不管是小提琴想邀他一起喝杯咖啡，还是吉他想和他一起探讨新的创意，都难以成行。低音提琴不能老躲在阴影里，应该学会灵活变通、坦率待人。

如果做不到这一点，那么提琴能手有可能会朝着官僚做派、卫道士的方向发展，变得只知道按部就班。这就堵死了其通往团队高手的道路。官僚做派的人以为，既定的规则是绝对合理有效的，谁都不允许违背。这些人常常阻挠创造性的解决方案，然而在未来创意恰恰决定着一个团队的灵活性和敏捷度。提琴能手中的犬儒主义者在工作时只按照自己认为对的方式去做，完全不顾及是否会冒犯甚至伤害到别人。没耐心、神经粗线条都是低音提琴常见的隐患。他常常会觉得奇怪，为什么别人不能像他那样做事。一旦耐心耗尽，低音提琴也会冲着同事高声叫骂。

低音提琴能手的自我训练

作为提琴能手你要大胆地参与到项目中来。你也可以先利用业余生活中的各种机会进行练习。比如，为自己所在的运动协会布置一处聚会场所，这一定是件很有挑战性的任务；装修私人住宅当然也是一个非常不错的训练机会，从中可以学到很多东西；又或者，大型活动的组织筹办工作会合你的胃口。还可以自己想一些练习的方法，或者也可以问问吉他手有什么好主意。为项目筹集资金是一种非常有效的练习。你可以组织一次募捐活动，或者去拉赞助商和广告伙伴，这样就可以在完善组织能力的同时也训练自己的沟通技巧。

项目管理这件工作意味着要与其他人一起合作。作为提琴能手，你应该充分利用一切场合训练自己与别人共同协作的能力。合作形式越复杂、参与人数越多就越有利于你的练习。你要学会主动结交各种类型的人，把他们招揽到自己的项目中来。你要避免选择和你思维相似的人或者你一直信任的人，你应该至少挑选五个完全不同类型的人来做手头的项目。你要学会根据项目目标的不同恰如其分地调动、利用各人的特长。对那些做事方法和你很不一样的人，你要学会宽容对待。

低音提琴高手

大型跨国项目、全面质量管理、六西格玛管理、卓越运营，等等，这些关键词都属于团队高手级别的低音提琴。在别人焦头烂额的时候，提琴高手仍然一切尽在掌握。面对有可能蒙受数百万欧元损失的境况，董事会成员焦头烂额，而低音提琴能冷静地陈述还可以采取哪些挽救措施。这个级别的低音提琴展现出本应属于其他角色的优点：他拥有极强的沟通能力和执行能力，并能迅速做出决断。对于理论性的东西，只要切实可行，他也完全可以接受。对于专业文献他了如指掌。

真正的革新依然不是提琴高手所长，改革性质的项目会让他感觉不自在。高效率的组织管理和维护工作才是他的专长，他天生就是为了追逐效益而存在。如果他是集团经理，他能清楚地知道哪个环节还可以做出调整从而降低成本，不管哪个角落他几乎都能找出可以改进的地方。即使在危机形势下他仍然马力十足。急救医疗组、特警分队或者快速反应部队都是由提琴高手组成。军队尤其适合他，军旅生涯简直就是为提琴高手量身定做，因为最出色的武装力量就是既忠诚又灵活的。他善于思考，同时能听从命令，并高效地执行命令。

提琴高手面临的挑战

“活到老，学到老”是所有高手的人生态度。团队高手级别的低音提琴能够并且想要不断地完善自我。对他来说，独自继续勤奋练习是一件相当轻松的事，而人际关系以及理论方面则是有挑战性的。成为团队高手的低音提琴沟通能力也越来越强，以急救医疗队为例，提琴高手必须知道下一步应该做什么，为确保所有人都能立即采取正确的行动，他必须能够以最快的速度与其他队友交换信息。急救医生还需要一定的敏感性，这样才能了解处于惊恐状态下的伤者及家属的心情，并加以安抚。而从前被自己认为不切实际而拒绝接受的某些理论或模式，提琴高手总有一天会重新审视它们。只要能带来成效，提琴高手最终也能接受那些打破常规的工作方式。

低音提琴高手面临的风险和隐患

高手，还是团队高手？不管担任哪个团队角色，即便已经达到能手级别，仍然存在和周围的联系趋于减少的危险。和其他成员联系太少的人，也许会是一位高手，但一定不会是团队高手。如果提琴高手又犯了没耐性这个老毛病，就可能会导致他和周围的人沟通不够。然后他会产生骄傲自满的情绪，因为他知道事情该怎么做而别人不知道。项目要求越高、自身责任越大，良好的沟通能力对提琴就越重要，所以沟通需要持之以恒。即使是提琴高手也可能面临这样一个问题：周围的人对他的能力认识不够，因此他得不到相应的回报。

低音提琴是所有团队角色中最容易被低估的一位，即使提琴高手也是一样。比如说，在最困难的条件下提琴通过努力保证了计划的顺利实施和准时完成，而其他的队友却把这一切看成理所当然。碰到这种情况，提琴高手应该说出自己的想法，自己的付出应该得到认可——也可以是以奖金的形式。但是，有一些提琴高手后来渐渐变得自大，自己的能力让他目空一切，他想要参与从未涉足的大型项目，以证明自己的能力。或者他认为："我无所不能。"有的时候他会禁不住诱惑而以身犯险。

低音提琴高手的自我训练

提琴高手自我发展的一条可能途径就是考取相应专业的最高证书。以六西格玛管理为例，针对这项著名的质量管理方法可以取得黑带级别的证书。在项目管理和质量管理方面有非常多的培训和进修机会，在这些领域工作的人，应该不断寻找深造机会。提琴高手的最大隐患就是认为自己了解一切、掌握一切。低音提琴从来都讨厌理论，攻读某个专业对他来说是一项真正的挑战。团队高手甚至应该考虑学习第二专业，最好是一个能开扩视野的专业。如果你是工程师，那么可以考虑再读一个 MBA，帮助改善你知人识人的能力、提高沟通技巧的专业培训也是很有帮助的。这些培训可以极大地拓展低音提琴的可能性。当然，我特别要推荐贝尔宾认证培训，通过这项培训可以让提琴高手深入了解所有的团队角色。

低音提琴的发展之路

自律、忠诚、务实，这是低音提琴在不同发展阶段的共有特点。他能从团队中不起眼的普通员工发展成为有高度执行能力的管理人员或者专家。随着自身水平的提高，低音提琴学会了表达自己的想法，他会与其他成员展开讨论，进行积极有效的沟通。新手阶段的提琴常常会觉得自己不受重视，因而非常困扰；而高手级别的提琴会成为自信满满的项目经理或者生产主任，在同事中享有威信，并被同事给予最大限度的信任。

从心理层面上来说，担任低音提琴这一角色的常常是那些理智又平和、严肃而沉默的人。这一类型的人乐于遵守规则，为人低调，这样的提琴在团队中会逐渐变得自信起来，对改变也会抱有更开放的态度。他学着融入群体，与大家交流沟通，他始终都是大家百分之百信赖的对象。能精湛地演奏低音提琴的人，会更懂得赏识有创意、沟通能力强或是理论天赋高的队友。

低音提琴的发展关键点

- 张开嘴参与到群体中去！虽然蜗牛壳是你的安乐窝，但如果不参与讨论，那么决定权就会落在别人手中！
- 有时也要会转弯。规则和安排妥当的工作流程固然重要，但有时候也需要灵活变通才能把工作进行下去。
- 听听别人的想法！低音提琴很容易觉得别人的意见不切实际、难以实现。培养一双开放的耳朵吧！

曲目 10

小号：外交家

> 我热爱着音乐本身。它所承袭的欧洲传统，它的多姿多彩、变化无穷，还有它对人类的影响力，这些都让我欢欣振奋。
>
> ——小号大师路德维希·钧特纳

小号是团队中最踊跃、最乐观的发现者，他热衷于新音乐作品的发掘、改造，然后将之搬上舞台。小号收集各种创意，他能鼓舞激励整个团队。

小号的优点：

- 有热情，有动力
- 对新事物抱着开放的态度
- 有良好的修辞技巧
- 有良好的人际交往能力

小号的弱点：

- 过度积极，过于乐观

● 马虎大意，漫不经心

作为团队中的小号手，你的水平如何呢？凭直觉给自己的能力打分，分值范围为1～15。

1	2	3	4	5	6	7	8	9	10	11	12	13	14	15
新手					能手					团队高手				

小号新手

作为新手的小号安静不下来，甚至有多动倾向；但同时，他也很容易受到鼓舞。“多动症儿童”这一称号，整个团队中只有小号新手当之无愧。小号新手不但坐不住，而且嗓门也不小，队友们只需要动动耳朵就能确定小号当前所在位置。他一说话，全办公室都能听见，再大的办公室也一样。小号新手也像一枚没有定位的炮弹，还没搞清楚目标就已经破膛而出。他喜欢不断寻找新鲜事物、不断寻求刺激。坐在电脑前的他也总是同时打开工作界面和脸书、推特或者谷歌新闻等多个窗口，反复切换的同时还不停地掏出手机查看。小号新手总是不知道该把注意力集中在哪个地方。

小号会乐意将自己吸纳的东西拿出来和大家分享，因而在团队讨论中他能贡献很多新的想法。但新手级别的小号虽然不断提出新的想法，却做不到善始善终。对于幽默或者玩笑，小号总是最积极。他喜欢对同事们搞小恶作剧，即使别人完全不觉得有趣，他也毫不在意。小号不仅仅喜欢发现新事物，更喜欢占有新事物。同时他也非常乐意和大家一起分享自己的东西。小号新手总是期待着别人的关注，夸奖和认可对他来说越多越好。

小号新手面临的挑战

对小号新手来说，最大的挑战是控制自己的热情，以及把注意力集中起来有的放矢。如果他能意识到自己的多动倾向，就会偶尔消停片刻，问问自己：我到底要干什么？最好先做哪些工作？然后他会逐渐认识到队友们对他的需求。在成为能手的过程中，小号新手应该不断地问自己：什么是重要的？为了实现我们共同的目标，我可以做出哪些贡献？

小号在新手阶段可能是实打实的“占有狂”，想要的东西都要立刻搞到手。担任这一团队角色的人应该学会更好地控制自己的欲望，特别是当这些的开销会加重团队或公司负担的时候。水平越高的小号，越是有耐性等待，而不会在新型智能手机或升级版软件刚面市的时候就要立刻购买。新手阶段的小号还面临着另一个大挑战，那就是要尽量集中注意力。小号要学会长时间地专注于一件事情，而不要飞快地从一件事跳到另一件，这是一个关系到能量水平以及对自身资源使用的问题。小号总是能给团队带来能量、快乐和生机。演奏小号的技术越高明，做事就越会有分寸、有针对性。

小号新手面临的风险和隐患

对经验不足的小号来说，最大的危险就是在表面上停滞不前。小号从一开始就表现得速度惊人：大量的创意、大量的主题、大量的故事、大量的笑话，当然还有大量的采购。其他的团队成员们可能会感到奇怪：这家伙都不需要思考吗？如果运气不好，小号就会被划入无足轻重的成员之列：他亲切、有趣，但却并不严肃认真。这是对小号再糟糕不过的结果，因为他一心想要获得认同。

小号新手的另一个隐患就在于他的冲动和漫不经心。其他的团队成员常常会觉得小号为人幼稚、以自我为中心——并不是说他自私。他觉得自己是世界中心，对责任和义务不太关心。尤其是在大型机构里，这样的小号很容易被安上投机取巧的名声。如果小号过分地以自我为中心，就会总是期待别人的表扬和认可，即使自己并未做出相应的成绩，这会导致他情绪低落、灰心泄气。

小号新手的自我训练

对新手水平的小号来说，所有能帮助他划分轻重缓急的练习都是有意义的。可以从小处着手，比如给自己制定支出计划：哪些东西真的有必要购买？哪些东西马上就会用到？哪些可以等一段时间再买？什么时候能有足够的资金？给采购工作制定书面计划可以帮助小号避免冲动行事。只不过小号会觉得单独训练非常困难，他更喜欢和其他人一起学习，团队中的“伙伴系统”对他就最为合适。如果是练习如何划分任务优先顺序，小号最好与理智分析型的竖琴结成伙伴一起训练。比如说，小号可以每周和竖琴碰一次头，一起讨论团队的目标，并共同给各项工作分出优先顺序。

还有一个值得一试的练习是：把各种各样的想法、信息、图片、模型以及故事整理存档。免费的记录软件如 Evernote 或者微软 OneNote 等都是理想的帮手。运用这些软件你只需要点击就能把网页、电子邮件、照片、清单、引文、图表，当然还有自己做的笔记都存储起来。对小号来说很方便的一点是，这些程序的结构简单明了，查找存储内容很简单。通过对想法的整理存档，小号可以给自己建立一个工具箱，从而为自己随机应变的天赋提供有力支持。如果没有这样一个工具箱，他可能只记得曾经在哪里读到过某些东西，但说不出细节。通过对创意进行存储，小号不但可以迅速地贡献创意，也可以随时给出具体详细的信息。

小号能手

成为能手的小号不仅自己能够始终保持愉快的心情，还会把快乐传播给大家。他激励鼓舞着整个团队。小号能手不再像从前那样以自我为中心，因而能够了解同事们当前的需求。他为团队带来宝贵的动力。他洋溢的热情也逐渐与现实结合到一起。小号不再只戴着粉红色眼镜看世界，他学会了通过更多角度看待事物。他变得沉静，发言的时候也能耐住性子等别人说完再开口。该发言的时候，他能很好地陈述自己的想法并针对问题给出相应建议。同时，不管哪里出现突发状况，他都能发挥急智“抢险救火”。当圆号和竖琴的计划出了岔子时，小号就是最佳帮手。

实力出众的小号能手给团队带来活力和灵感。他做事不再有始无终，而是始终以团队目标为导向。他有良好的沟通能力，能够带动他人同时又不会得罪他人。和喜欢充当指挥的钢琴不同，小号总能发挥自己的执行能力。他充沛的精力带给团队正能量，他的幽默感让工作气氛变得更轻松愉快，同时又不会令人生厌。小号能手仍然和从前一样期待别人的夸赞和认同。只不过，现在他已经逐步建立起积极正面的人际关系网。

小号能手面临的挑战

做事有始有终对小号能手是一大挑战：坚持完成原本的计划，而不是不断开始新的事情，这是他的一大难题。小号很容易就会感到无聊，他应该学会一件事：即使在他自认为非常熟悉的领域里，也仍然存在着很多东西有待发现。明白了这一点他就能不断地发现计划中的新细节，在项目进行的过程中他也就能始终保持动力。对小号这一角色掌握得越好，就越能够把有始无终转变为目标明确的自觉行为。在这一过程中，如何把握正确的尺度就是小号的一大挑战。与低音提琴合作特别能帮助小号善始善终地完成工作。

始终把团队目标放在首位，尽可能不被其他事情分散注意力，这是小号能手面对的另一个挑战。要做到这一点就意味着要严格控制自己对新鲜事物的喜好和追求，要把自己对发掘新事物的爱好用来为团队服务：怎样可以激励鼓舞队友，以更好地迎接下一个任务？小号也并不需要完全放弃对新想法自觉自发的追寻。作为能手的他明白，一时冲动的行为也常常会效率偏低。怎么把握突发行动和有条不紊两者之间的平衡，这是小号必须正视的问题！

小号能手面临的风险和隐患

小号能手性格外向并且能言善辩，他非常善于“推销”

自己。同时团队中的其他人也很容易觉得他为人傲慢。出现这种情况的原因主要是：小号仍然非常以自我为中心，他总想要不断地从别人那里获得赞扬，自己却很少能给予别人正面的评价。小号粗心大意的倾向也让其他队友——特别是竖琴、圆号和低音提琴——觉得难以相处。小号有时喜欢迟到，工作出了问题也总能任性地找到借口。小号必须小心谨慎，不要得罪其他人。

很多事情在小号做来似乎都轻而易举。别人为了一个PPT报告连续好几天精雕细琢，而他只需要走上讲台张口就说，再时不时添上几则应景的趣闻，不但清楚明白地传达了信息，更让听众听得兴趣盎然。此情此景，很难不让人羡慕嫉妒。而小号应该利用自己良好的沟通技巧，和团队中包括“勤劳的小蜜蜂”在内的所有人搞好关系，完全消灭滋生嫉妒情绪的土壤。小号的另一个隐患则涉及认可问题。因为在团队中得到的认可比较少，这让很多小号感觉很受伤；然而他并没有意识到，出现这种情况的原因在于，他自己不但很少关注别人，也很少对别人表达推崇之意。

小号能手的自我训练

学习互联的艺术对小号是一项非常有益的练习。典型的小号能手在联络关系方面驾轻就熟，但只做到与人联络还算不上互联，在真正的网络中，维系关系才是至关重要的。互联的最高艺术就在于接受和付出，要保持两者的平衡，就必须先往“关系账户”上存款，然后再谈提取。像领英或是脸书这样的社交媒体，就为有针对性地搭建关系网络提供了理想的练习场地。我对小号能手的建议是：大幅度删减你在领英和脸书上的联系人。与其拥有2 000个联系人而相互之间没有真正的沟通，还不如只保留 50 位交流频繁的联系人。

有针对性地建立关系网络包括如下内容：第一步，明确目的。这个网络的最终功用是什么？我想从别人那里得到什么？自己又能给予什么？小号最好目标明确地为自己制定出接下来三年、五年以及十年的计划。诚然，这不是件容易的事，但付出定有回报！在练习互联的过程中，不要想着一经投入就马上会收到惊人的回报。有的人会因某位联系人三个月里没有提供任何合约而删除该联系人。在互联过程中要学会耐心等待，每周都应该和重要联系人联络一次，把这一任务添加到工作日程安排里去。你能定期联络多少位联系人，决定了你能建立多大规模的真正有回报的人际网。

小号高手

小号高手的最大特点就是他能激发灵感、鼓舞人心。他不仅能带给大家好心情，而且能带动整个团队在正确的时间做正确的事情，他推动着团队的进一步发展。团队中的小号高手在各方面都能维持平衡：他乐观，但并非不切实际；他鲜活，但并不吵闹喧嚣；他满足了自己的愿望，同时也顾及他人的需求。此外，小号高手还懂得在彰显自我风格的同时又不给人留下骄傲自负的印象，他重视周围的人并能巧妙自如地与其沟通，这样一来，别人对他的成功也喜闻乐见，小号高手总能轻轻松松就找到支持者。

小号高手生来就是要成为团队对外代言人的。他懂得如何维系客户关系，也善于鼓舞大众。他可能是大型企业中的公关负责人，又或者是营销总监，在主题论坛的演讲台上人们也能看到他的身影。顶尖的推销员通常也是小号高手。他能言善辩，对修辞技巧和肢体语言精益求精，他主导着语言这门游戏。机智幽默的故事是他们的拿手好戏，他有一肚子的趣闻轶事，信手拈来几个小故事就能让自己的发言更形象生动。他人的认可对小号高手来说已经不再那么重要，即使自己提出的四条建议中有三条被驳回，他也不会太过在意，重要的是，有建议能用得上就行。

小号高手面临的挑战

小号面临的一大挑战就是拥有承受批评的能力，并在这个基础上继续接受更多的批评意见。小号中的明星都被成功宠坏了，他时常被赞誉的狂潮淹没。因而小号很容易产生错觉，似乎自己的所作所为都是正确的。但实际上人人都会犯错，人人都还有继续发展的空间。在我的第一本书里我写过这么一句话："音乐潜藏在批评之中。"优秀的小号会努力寻求中肯的批评意见。他也乐意与那些面对明星小号的光辉业绩而不为所动的人交流思想。

在已有的高水准基础上继续练习进一步提高自己的能力，这是小号高手面临的另一个挑战。小号很享受轻松搞定一切的感觉。但如果停止练习，就会退步，这是一个基本准则。商界的小号高手就好比音乐界的明星，音乐明星在成名之后仍然坚持每天练习好几个钟头，不然就将无法保持高超的水平。由于小号不喜欢单独训练，那么找一个水平相当的陪练伙伴不失为一个好办法。

小号高手面临的风险和隐患

高高在上对于小号高手来说无疑是一大隐患，他需要更加脚踏实地。小号高手得到了太多的掌声并且也沉迷其中，因此他会在某种程度上摆起"明星架子"。如果有了"耍大牌"的名声，那将毁掉很多与他人合作的大好机会。小号高手应该学会心存感激并表达谢意。即使是世界级的明星也经常在采访中对那些为自己铺平道路的人表达感恩之情，他们感谢老师、家人，感谢督导者、赞助商，当然还有广大受众。

小号高手可以积极地做一些能让自己保持脚踏实地的事情。比如，可以多花一些时间陪陪家人，尤其要陪陪孩子。也可以致力于慈善事业，并不局限于捐款，还可以将自己的创意和活力运用到具体的活动中去。把定居地点选在乡村而不是高档别墅区，这也以帮助小号更接地气。在极为成功的人中，有不少人——其中包括非常多的小号和鼓——在私人生活方面出人意料地朴素，这让他们始终能够脚踏实地。

小号高手的自我训练

当自己的关系网络越来越庞大，对联系人给予回报，这对小号高手来说是一个很好的训练。那些非常成功的小号完全可以成为网络中真正的谋士和倡议人。小号从来都很愿意分享知识，而小号中的高手有能力把有用的知识传播给大众，帮助他们继续加强自身的发展。举例来说，小号可以撰写书籍，或是进行义务演讲，或者开设公益性质的工作室，投身于帮助社会弱势群体的义务工作可以让小号高手不断地为他人传递正能量。

指引他人——真真正正、不求回报的指引——为小号高手提供了又一个极佳的训练场地。指导年轻的人才并为他们铺平道路，这是小号高手所擅长的事情。而他强大的人际网络也能在这一过程中为他带来极大的帮助。因为“指引”通常也意味着在正确的时间把正确的人介绍给被指引者。而小号高手对这样的事相当在行。小号高手的网络是完全建立在“双赢”基础之上的，而他自己的“获利”

往往“不过是”在帮助他人的过程中所获得的快乐。但是，这样的分享与传递是真正有意义的经历。

小号的发展之路

乐观、热衷于发现、善于社交是处于不同发展阶段的小号的共同特点。新手阶段的小号就像是一座防不胜防随意喷发的火山，渐渐地转变成为一座可信可靠的水电站，为团队持续不断地提供着动力能源。待人接物、实现创意他都做得越来越专业和细致。新手的小号表现得比较吵闹——对很多人而言他实在是太闹腾了，而高手阶段的小号留给大多数人爽朗、有活力的印象。只要在一定程度上保持脚踏实地，他就能受到大家的欢迎。

从心理学层面上来看，小号这一角色特别吸引那些性格非常外向的人。喜欢在团队中充当小号的人大多很热忱，从一定程度上来说甚至有点漫不经心。一些小号在最开始的时候常常让别人觉得幼稚、欠缺严肃认真。喜欢扮演小号的人，个性通常随着时间的推移而变得越来越成熟、越来越稳重，在某些方面依然保有孩子气的无忧无虑和好奇心。这些特性能让团队大大受益，尤其是当团队工作面临着按部就班的风险时。

小号的发展关键点

- 控制你的出场数量！宁缺毋滥——行动越有针对性效果越好。
- 划分优先顺序！不是所有的事情都同样重要，即使它们看上去同样有趣。
- 乐于付出！如果你能随时和他人分享自己的知识并给予他人反馈和认可，你就能感受到愉悦和充实。

曲目 11

鼓：鞭策者

> 速度本身并不重要，重要的在于对各种节奏的掌握。
>
> ——吉他手乌尔夫·韦克纽斯

鼓在团队中是一位活跃的、以行动为导向的鞭策者。他想要掌控音乐作品的节奏。他不畏惧矛盾冲突，能顶住压力以最佳状态运转。

鼓的优点：

- 积极性高，以行动为导向
- 有动力，有毅力
- 自信满满
- 喜欢冒险，有拼搏精神

鼓的弱点：

- 无视他人的顾虑和不同的建议

● 缺乏耐心，喜欢争辩

作为团队的鼓，你的水平如何呢？凭直觉给自己的能力打分，分值范围为 1～15。

1	2	3	4	5	6	7	8	9	10	11	12	13	14	15
新手					能手					团队高手				

鼓新手

作为新人的鼓表现得相当紧张。他很容易表现出攻击性情绪，他似乎时刻都在拿自己和别人作比较，哪怕只是在高速公路上开一小段车他也要暗暗和别人较量。而且他总是想赢！不管从事哪项体育运动——团队中的鼓通常都喜爱运动——他都无法容忍自己屈居第二。在索契冬奥会上一名荷兰速滑选手以 0.003 秒之差错失金牌，获得银牌以后他丝毫没有感到高兴，整日一脸怒气，似乎世界末日也不过如此。这就是典型的鼓！落后这个词，完全不在鼓这个角色的字典中。

鼓从一开始就是团队的能量提供者。他施加压力，并加快速度。和小号不同的是鼓有着明确的目标，比如下一步该做什么、自己在哪方面强过别人等。作为新手的他对别的队友还不够关注，别人只是凑巧地被他的活力感染。鼓甚至常常是独行侠。身为推销员或是地区经理的鼓，经常飞驰在高速公路上从一个客户赶往下一个客户，他总想赢得每一场销售谈判。如果事情不能完美进行，鼓新手很容易情绪失控、怒发冲冠。出了问题后他常怨气难平，对于消除隔阂他也很少会主动走出第一步。他的口号是：全部或者全不！

鼓新手面临的挑战

作为新人的鼓首先应该学会不伤害其他队友。大多数误伤他人的情况并非出自鼓的本意，他本来完全没有针对别人的意思，但由于他求胜心切，急于求成让他显得自私自利、毫不顾及别人。鼓经常弄不明白其他人到底有什么样的问题，他只想要最佳结果，只想登上冠军宝座。鼓必须明白一件事：胜利的代价可能会过于高昂！在成长为能手的过程中，他会逐渐更多地考虑付出和收获，而不再局限于胜利与失败。在这方面竖琴能带来帮助。

鼓新手的另一个挑战就是如何把自己的开关转换成调节器。不是所有的事情都只有两种选择：要么功率全开地走向成功，要么垂头丧气地投降放弃。鼓必须首先学会调控自己的精力。然后更多地把注意力放到团队中来。他应该考虑：指标究竟应该定多高，才能让全体队员达到目标。他还必须了解，即使在他没费太多心力的时候，别人有可能已经尽了最大努力。当鼓看清了这个现实之后会怎么样呢？他会鞭策队友，让大家付出比以往更多的努力！

鼓新手面临的风险和隐患

鼓新手的最大风险可以归纳为：压力太大，张力过高。一把绷得过紧的弓会逐渐失去张力而无法使用，这是鼓应该记住的一个道理。在竞技体育中，恢复调整阶段是必不可少的。而团队中的鼓也必须进行恢复调整，同时也让队友喘口气。高压之下的鼓常给人争强好胜的坏印象。情绪失控的鼓的确会上蹿下跳，他激动的样子可以参看足球教练范巴斯滕或者尤尔根·克洛普在裁判出现错判时的表现。不过，何为“错判”这是由鼓自己来决定的，这样的事他绝对不会交给别人。

鼓的另一个隐患潜伏在他的固执己见和不容异议中。如果鼓没能争得第一，他就会怪罪于周围的人：为什么团队没能跟上来？为什么你们大家不按照我说的去做？在这样的时候如果鼓毫无风度地用激烈的言辞指责他人，不但不会提高工作效率，反而会使之降低。其他的队友会开始胆怯，不敢有勇气冒风险。他把目标抛在脑后，只是想着怎么能让暴脾气的鼓满意，但是鼓恰恰痛恨迎合者和胆小鬼！于是团队矛盾会进一步恶化。

鼓新手的自我训练

对鼓新手最好的训练就是制定长期的目标计划。鼓会给自己定下很高的目标并有达成目标的雄心和毅力。他可以训练自己，不要过分地争强好胜，而是有计划地采取行动。最好能把实现目标的步骤记录下来。第一个问题：长期的目标有哪些？以这些目标作为行动指南，并把目标按照 SMART 模式划分开来（SMART 即特定、可测、可接受、切实、日程确定。持续地运用 SMART 模式可以制定出明确、可测、可检验的目标）。

通过 SMART 模式，大家都以业绩为导向，就目标的具体内容达成一致，并在这个基础上商议确定日常工作的各项细节。在与大家讨论共同目标以及为实现目标具体需要哪些实施步骤的过程中，鼓可以极好地学习怎样与队友协调得更好。以练习为目的，鼓应该作大量的笔记：一周之内要完成哪些任务？三周之后我要打电话给哪些同事询问工作事宜？除了团队目标，鼓还可以更有效地完成一些个人目标，很多关于时间管理的书籍给出了相关的建议。

鼓能手

和新手相比，鼓能手走极端的情况比较少。他不像新手那样经常争吵、制造麻烦，他甚至留给人一种真诚、坦率的印象。很多人看重的恰恰是他这种直截了当的作风。他的沟通方式也许可以定义为“实话实说”。对于鼓能手十足的干劲很多人都抱着赞赏的态度，而不再头疼害怕。在追求成功的过程中鼓能手已然能够顾及他人。他不再目无集体，而是能认真对待团队。当然，他仍然对大家的工作有着较高的要求，尤其是对小提琴和吉他。他能够激发并激励团队达成目标。

能手水平的鼓不仅能保持自身的活力，还能带动其他人。他对冲突矛盾的毫不畏惧也让全队上下非常欣赏，在别人遭遇危急的时候鼓也会出手相助。他态度务实、自信满满，他的成功毋庸置疑。他还学会了面对失败，他甚至会公开承认自己的计划出现部分失误。谈到失败的经历，他表示自己已经从中吸取了教训，最终也从失败中获取了前进的动力。和从前一样，鼓总想争当第一，不过现在的他愿意和团队携手共进。

鼓能手面临的挑战

鼓能手面临的最大挑战在于团队合作。作为新人他经常独来独往，而现阶段的他开始学习真正的团队精神。与那些做事不像自己那样有目标、有毅力的同事打交道，对鼓来说，这尤其是一种耐性的考验。他应该学会关注并赏识小提琴、圆号和竖琴做出的成绩。如果能得到小提琴的从旁协助，鼓会表现得更老练、更宽容。现在的他把团队效率摆在了中心位置。鼓能手应该让自己的勃勃雄心服从于团队利益。

鼓是一个喜欢冒险的团队角色。进入能手阶段之后，首要的一点就是要更好地估计自己面临的风险。避免风险并不就意味着畏首畏尾，也可以是理智行事，这就是鼓现在要学习的东西。现在的他能够用更宽容的心态对待那些不太喜欢冒险的队友。比如，他现在会耐心聆听竖琴的担忧，听完后也能有所反思，而不是当场责骂对方“顾虑太多、阻挠正常工作”。在这一阶段，鼓可以学习早早制定计划。他越来越清楚，怎么正确地调控自身能力以及团队资源。

鼓能手面临的风险和隐患

鼓能手不再像新人那样容易惹出麻烦，但仍然需要小心谨慎。鼓是一个生活在自己世界中的人，挑战规则的行为让他感觉自己很强大。但越是成功，就越会被大众关注，所以有些时候最好还是乖乖遵守规章制度，而不要去冒被检举的风险，也不要引发互联网上的如潮恶评。因为一时忍不住而作出过分的挑衅行为，或者没必要地走极端，这依然是鼓的隐患。

狂妄傲慢也会给鼓带来风险。即使可以完美地演绎胜利者这一角色，但如果他内心深受自我怀疑的困扰，那么这一风险将会格外地大。而这个时候的他可能会出现更不当的倾向：他不但骄傲自大，越来越固执己见。最糟的情况是，鼓能手最后会变成偏执狂；不再眼观全局，而是只顾眼前。为赢得更大的成功他咬牙苦战，却切断了和周围人群的联系。他觉得自己四面受敌，于是怨气冲天。往往只有在终于发生了危机的时候，走了弯路的鼓才会重新反省。

鼓能手的自我训练

按照哈佛方法（Harvard-Method）学习谈判是对鼓能手非常好的一项训练。鼓新手把谈判桌看作战场，不是他打败别人就是他被别人打败。与之相反，哈佛方法的目的在于创造双赢局面：什么样的协议对双方都最为有利？哈佛方法还倡导把事实和关系这两个方面区分开来，两个方面都要照顾周到。谈判结果不仅要从事实上使人信服，还要让双方都能保住面子。鼓现在需要更多地学习换位思考。

参加语言艺术培训对鼓能手不失为一个好的建议。实话实说、直截了当的表达方式固然不错，但并不总是能够圆满地达到目的。鼓可以通过语言艺术培训学习如何细致入微地表达意思，同时，还可以研究研究肢体语言。这样一来，他就能更好地表达自己对别人的期望。只知道大声擂鼓的家伙常常会得罪太多的人。针对鼓还有一个非常好的训练，那就是在各种讨论中——不管是工作上的讨论还是私人谈话——当一名更好的听众；宽容接受不同的观点看法，不要因为别人的想法有差异就急着给别人下评语。如果鼓能经常参加讨论，并能在讨论过程中做到不固执己见，那么他就将会学到很多的东西。

鼓高手

鼓高手是带动团队增长的引擎。他做出了很多成绩，见多识广并累积了丰富的经验。他喜欢讲述自己成功的故事，也并不隐瞒曾经的挫折和失败。接触过他的人觉得他坦率、直爽并且可靠。他仍然有很多目标和计划，但他愿意等到合适的时机再动手实施。鼓高手不再表现得有攻击性或是缺乏耐心，但他直到高龄仍然保持着旺盛的精力。他注意充分的休息，注重健康并保持活力。鼓高手立场鲜明，颇具挑战意味但不会让人反感。作为心灵强大的思想家他受到来自各方面的尊重，他的成功最终会证明他的正确性。鼓高手是宽容的，他坚持自己的观点，却无须驳斥别人的观点。

我在上一本书《团队交响乐》中曾介绍过罗伯，他是一家国际性医疗设备制造商的经理。在他身上，坚强的意志力、目标导向性与轻松愉快的情绪结合在了一起，帮助患者是他的工作动力。他喜欢挑战商学院的年轻人，他想要的是有激情的医疗技术人才。从荷兰政治家尼莉叶·克洛伊（Neelie Kroes）身上我们也能看到鼓高手的特征。她曾经担任欧盟竞争委员会委员，从 2010 年起开始负责布鲁塞尔数字化议程。这位深受信任的民主党人廉洁奉公、立场鲜明，她从不畏惧大型企业。她曾作为奈耶诺德商业大学主席给比尔·盖茨颁发了荣誉博士头衔，后来又作为欧盟委员针对微软的不正当商业行为采取了严厉的措施。

鼓高手面临的挑战

鼓高手要面对的一个挑战就是怎样让自己更轻松自如。业务终有一天会顺利运转，大型的目标也会一一实现，到这个时候，即便是鼓也可以松松手了。他要学会不再一心埋头苦干，试着稍微放松一点。轻松自如并不意味着要接受糟糕的结果，用泰然自若的态度也是可以创下顶尖业绩的，特别是当一个人在自己的领域中已有多年经验的时候。

即使是技艺精湛的鼓也应该时常问问自己对团队情况是否有充分的了解。对事可以使用激将法，对人却应该抱有尊敬的态度，怎么维持这两者之间的平衡，鼓还可以多加琢磨。不要批判他人，也不要对相对较弱者不闻不问，这两点鼓应该真正地放在心上。热心参与社会文化活动能帮助鼓开阔眼界并更好地融入群体。以欧盟委员尼莉叶·克洛伊为例，她积极地支持着三个机构：作家组织万国诗社（Poets of all Nations）、鹿特丹的一家大型精神病院，以及位于阿姆斯特丹的伦勃朗故居。

鼓高手面临的风险和隐患

法兰克·辛纳屈（Frank Sinatra）的一首歌《I did it my way》，可以用来形容水平高超的鼓。没错，他的确在走自己的路，但是一路上得到过许多人的帮助和支持，即使这些支持和帮助往往并不起眼。忘记这一点对鼓高手来说是危险的，他会以为自己的成功完全是个人的成就。一些集团主席在采访中被问及他们上千万美元的年薪时，他们的回答是：全靠自己才让公司股票上升了多少个百分点、让公司升值几亿甚至几十亿美元等。

这样的鼓就很容易高估自己而忽视团队的成绩。把成功理解为个人成就的人，容易变得傲慢自大。“高处不胜寒”常常是鼓高手的写照。而危险的是，他把身处巅峰的孤独当作成功的代价，而不去想办法解决这一问题。对他人的成就表示赞赏，从来不会为时过晚。回顾来路，鼓会发现，在自己取得的成功中，有很大一部分要归功于团队。有的鼓利用一切机会赞扬他的团队，也有的鼓的把自己赢得的褒奖象征性地传递给队友们。

鼓高手的自我训练

鼓高手应该在管理理念上多下工夫，把以团队为导向的现代领导方法融入日常工作中。非常适合鼓的一个方法就是仆人式领导（servant leadership)。这是由罗伯特·格林里夫创立的领导理念，它主张领导不应该是团队的领唱，而应该是支柱，领导的工作是为被领导者提供服务，支持他们在团队中最大程度地发挥能力创造业绩。格林里夫领导力中心的 CEO 肯特·基斯曾经一语中的：“一位仆人式的领导关爱他人，并且愿意帮助他人，因而仆人式领导的使命就是认知他人的需求，并想方设法来满足这些需求。”

另一个非常适合鼓高手的训练就是对价值体系的研究。鼓倾向于固执己见，有时也不懂得宽以待人。价值研观究模式可以帮助鼓深入理解，为什么拥有不同价值观的人们想法和行为也都各不相同。特别值得推荐给管理人员的是螺旋动力模式，这一模式由唐·贝克和克里斯托弗·考恩于 1996 年在著作 *Spiral Dynamics：Mastering Values，Leadership and Change* 中首次提出。

鼓的发展之路

不够成熟的鼓好战并且好胜。这样的一名鼓适合创业团队；这类团队想要快速赢得市场份额，为此会实施攻击型战略。因为鼓喜欢打破常规，所以在新兴的颠覆性企业里他如鱼得水。当鼓越来越成功、肩负越来越多对他人的责任，他就会越来越具有团队精神。他甚至会从无所顾忌的独行侠转变为充满活力的节奏掌控人。鼓始终对速度、业绩以及预期的风险兴趣盎然。逐渐地，他也会变得容易相处。

从心理学角度来看，鼓这个团队角色是为强势而自信的人量身定做的。但是从第一眼往往很难看出，这一类型的人其实在心底里不信任别人。因此有些鼓最开始的时候更愿意孤军作战。也因为如此他们常常固执己见并且缺乏宽容。强势而不信任别人的鼓，可以通过演绎这个角色来学习真正地信任别人。做到了这一点他就能组建、塑造出一支他可以真正信任的团队。信任最终会让工作轻松自如，还有助于避免产生不必要的矛盾。

鼓的发展关键点

- 制定明确的目标！以目标为前提，提出期望、避免矛盾。
- 多在别人身上下工夫！如果你能更有人情味地对待别人，别人就会欢迎你来担任节奏掌控者这一角色。
- 开发信任感！通常没有必要制造竞争，拥有信任可以避免这类情况发生。

曲目 12

钢琴：协调者

> 音乐是我每天早晨起床的原因。
>
> ——流行歌星盖瑞·巴洛

在团队中，钢琴是一位积极的、目的明确的主导者和协调员。他想要整个乐队奏响自己的乐音，他激励着团队并能取得成效。

钢琴的优点：

- 浑然天成的威信
- 在团队中很有说服力
- 目的明确
- 宽容、有交际技巧

钢琴的弱点：

- 缺少自己的想法
- 有操纵他人的倾向

作为团队中的钢琴，你的水平如何呢？凭直觉给自己的能力打分，分值范围为1～15。

1	2	3	4	5	6	7	8	9	10	11	12	13	14	15
新手					能手					团队高手				

钢琴新手

作为新人的钢琴就已经在团队中展现了他的认真和称职。他表现得自制、自律。他在团队讨论会上的发言通常也经过深思熟虑。因而他很少会说傻话，但也很难像吉他或小号那样有高明的想法。钢琴在团队中是班长似的人物，他诚实正直、有责任感、目标明确并且有很好的沟通能力。钢琴抱着民主的基本态度，在团队中他也提倡民主，他认为人人都应该有发言权。事事争先的鼓新手会让钢琴觉得特别扎眼。而钢琴也拥有意志力、目标性这些和鼓相同的特点，只不过是以一种比较柔和的形式展现出来。

当钢琴新手想要彰显自己，或者和别的队友关系不好的时候，他很容易把自己的民主志向抛在脑后。他会找寻盟友，很有技巧——但不一定公平——把他们拉到自己的阵营里来。钢琴新手有的时候只愿意挑自己喜欢的队友共事，而不愿意和所有队友都进行合作，对于拉拢不太喜欢的队友他觉得太麻烦。一部分钢琴新手有追求舒适的倾向，他知道怎样可以偷工减料，还能让别人替自己干活。这样的行为真的算不上民主。

钢琴新手面临的挑战

新手阶段的钢琴应该学习如何发掘他人的才干，尤其是那些自己没什么好感，因而也不太愿意共事的队友。所有人都拥有独特的才能，而钢琴正是独具慧眼的人。当然，钢琴也需要一定的训练。他应该融入人群，学习如何正确地提问。与事必躬亲相比，钢琴更喜欢指挥他人，组建高效率的团队是他的特长。对各个队员的优势了解越多，就能越好地组建队伍。

不管做什么事，钢琴都应该紧紧盯住目标不放。应该不断地问自己：怎样能让团队更进一步？如果充分了解过团队的人才分布状况，他就能越来越准确地判断，接下来的任务应该分别由谁来完成。钢琴需要注意的是，自己的协调能力应该为团队目标服务，对每一项任务的调派都要以共同的目标为前提。钢琴应该让全体队友都信服，他的所作所为全都是为了业绩效益。否则大家很容易怀疑，钢琴不过是想捡轻松的活儿干。当然，有时事实的确如此。

钢琴新手面临的风险和隐患

钢琴新手存在的一大隐患是：心血来潮地把个人目标套在团队身上，而不是和大家一起追求团队目标。钢琴有操纵他人的倾向。比如说，他知道小号向往他人的称赞和认可、小提琴喜欢和谐，钢琴非常清楚怎么对这些情况加以利用！特别危险的情况是，钢琴开始和队友们进行单独谈话，说服他们在会议上按自己的意思行事。有不少钢琴利用这种单独谈话手段高超地编织出一张大网，最后却把自己绕了进去。

在钢琴自律的行为和民主的说辞背后可能隐藏着他对权力的强烈意图。这就又埋伏着一个隐患：对主导地位的隐晦追求会让他显得傲慢自大。如果他把鼓的意志力、吉他或竖琴的思维力摆在竞争的对立面，那么钢琴就实实在在地射进了一记乌龙球。鼓表现出更强的力量和执行能力，吉他有更好的创意，而竖琴有更优异的分析能力；那么钢琴就只能傻了眼，这种情形他完全无法忍受！

钢琴新手的自我训练

钻研贝尔宾的团队角色模式对钢琴新手来说是一项极好的练习。相较于其他类型的队友，贝尔宾理论尤其值得钢琴研究学习。钢琴有着对他人天赋的灵敏嗅觉，如果能再配以合适的方法，这将为日常工作带来很大的帮助。钢琴一定要拓展自己心理学方面的知识，还要学习观察、识别团队角色和每个人的特性。这也可以通过观看电影来练习，看完一部精彩的电影，钢琴可以试着分析影片中的角色都有哪些团队角色特质。

研究肢体语言也同样是一项针对钢琴新手的有效训练。除了改善自己的肢体语言之外，钢琴还应该着重学习如何看懂其他队友的肢体语言。要充分利用一切有用的东西来正确诠释其他队友的言行。作为练习，钢琴可以在会议同时或者会后针对每一个队友做一些笔记：今天谁明显比较活跃、谁比较沉默？他们的表情和姿势是什么意思？谁提出了绝妙的创意或是进行了精彩的剖析？

钢琴能手

钢琴能手在举手投足间流露出心平气和、自信满满。他是团队中不可或缺的重要成员，大家都很信服他。他让每个队友都觉得自己受到了关注、自己的才华也受到了重视。钢琴把握着整个团队，工作任务也是由他来分派。他还非常善于促成同事之间的交流。钢琴能手拥有凝聚力，并能实现协同效应。他能激励团队，并唤醒每个队员的创造力。没有谁会像他这样在别人的潜能上花这么多的心力。钢琴总是知道，谁目前需要新的挑战。

但是，在这个阶段也会出现新的矛盾。钢琴在很多时候越来越大胆，并且多数情况下他都能获取自己想要的结果。这就可能会引发对团队领导权的争夺，尤其是当钢琴遇上鼓的时候。理想的解决办法之一就是，让两人分工合作，一起分担管理团队的任务。如果做不到这一点，钢琴和鼓将会展开长期的权力争夺战；在这样的争斗中钢琴会暗暗使用不光彩的手段。梅瑞狄斯·贝尔宾在研究中发现，如果老板宝座上只坐着钢琴一个人，通常能取得中等偏上的业绩，贝尔宾认为其主要原因在于钢琴的领导风格偏向于促进团队成员协调合作。

钢琴能手面临的挑战

组建一支强大的乐队，让每一位成员能奏响自己的乐器并最终汇流成独一无二的乐音，这是钢琴能手面临的一大挑战。要完成这个任务钢琴必须不断地观察整个团队。他可以把自己培养成人才开发促进专家。他应该学会长期观察担任不同角色的每一个队员，学会与他们交谈，并能恰当地把任务委托给合适的人。谁在什么时候格外需要动力，这也是钢琴能手要学会的东西。在有的时候必须更好地支持实力偏弱的人，而有的时候则要更多地推动能力较强的人。

在一个机构里可以在哪种程度上实现民主？找出这个问题的答案也是钢琴的一大任务。目前对于完全取消等级体制企业还没有太多现成的经验。钢琴和吉他都是对这一类尝试最感兴趣的人。吉他的兴趣点主要集中在无等级体制的反传统和革命性，而钢琴却真正有能力做到推动民主进程、减少等级并提高生产能力。深度民主（deep democracy）就是钢琴能手应该投入更多精力的理念之一。

钢琴能手面临的风险和隐患

钢琴能手理解每一个团队成员，并且乐于帮助他们。但必须注意的是，钢琴不要过多地干涉他人。像是“不如这么做做看”这种不请自来的建议并不是所有人都能接受的，哪怕这个建议非常可行。理论知识广博的钢琴要注意，在团队里不要好为人师。他提意见的时候，通常都是出于好意，而不是想要证明真理掌握在他手里。尽管如此，他的行为仍然可能被看成自以为是。钢琴需要学习的是：留给别人犯错的机会，给别人从错误中吸取教训的自由。

操纵他人、订立秘密协议的倾向也可能会为钢琴能手惹出麻烦。这样的行为往往会引发人际纠纷，特别是当钢琴担任大型机构的管理职务时。总有一天他会搞不清楚自己曾和谁说过什么话。这就对他的威信和大家对他的信赖造成了不必要的威胁。钢琴能手的另一个隐患就是抢别人的功劳。如果把工作任务分派给了别人，那么相应的褒奖也应该给予做出主要贡献的人。

钢琴能手的自我训练

学习正确的指挥方法是一项对钢琴能手颇为有效的训练。训练也可以通过家庭事务或者是业余活动来进行；比如在自己的协会里钢琴可以练习分派任务。恰恰是在非正式的环境中可以让钢琴学会恰当地使用语言语调。询问他人愿不愿意接受某项任务，这常常并不是件容易的事。这需要换位思考和一定的技巧，也要明确指出目的所在。要想更好地做到这些，钢琴可以参加一些关于演讲技巧的讲座。如果他想展示团队合作的结果，良好的演讲技巧也能带来帮助。

学习矛盾处理技巧也是一项对钢琴非常好的训练。人们都喜欢逃避矛盾冲突，钢琴也不例外。他认为激烈的纷争既没有必要又很让人厌烦，但是他却能够准确地理解每个队员的不同立场，因此钢琴完全应该介入到纠纷中去。介入的主要目的并不是为了安抚队友并重建和谐氛围——这一点小提琴能比他做得更好。钢琴介入的目的是要把冲突转化为生产力。怎样积极利用冲突的力量来推动工作的进程？钢琴可以通过学习来找到这一问题的答案。

钢琴高手

你还记得美国总统奥巴马在 2009 年发表的就职演说吗？数以万计的美国民众在一个冬日聚集到了华盛顿广场聆听总统的演讲。美利坚合众国的第一位黑人总统把广大国民此时此刻的所思所想、期待和渴望汇成了语言。奥巴马的演讲是这样开头的：“今天我站在这里，面对我们眼前的重任深感卑微，对你们给予的信任我深表感激，对先辈们的牺牲我也铭记在心。”一句话就立刻唤起了大家的团结意识。面对“我们的重任”总统说自己“深感卑微”，这正是钢琴高手的说话方式！肢体语言端正挺拔，声音语调有力却情绪内敛，遣词用句精确入微。

高手级别的钢琴是语言大师、团队发言人和未来的建设者，他还是外交家和搭桥人。正如我们从奥巴马的演讲中看到的那样，这个级别的钢琴懂得顾及不同的价值观，他能激励所有人为共同的任务而努力。最优秀的钢琴是民主的，他有建设性并且拥有最高权威，即使不动用任何肌肉他也显得强有力。他非常善于做决断，而且很务实，他知道在一定情况下什么可行、什么不可行。他不会过高地要求自己的队伍，但也不会作过低要求。他担任的常常是团队领导的角色，对此大多数队员乐见其成。

钢琴高手面临的挑战

作为团队发言人、未来建筑师和外交官的钢琴还需要战胜哪些挑战呢？并不太多。其中一项就是保持充分的曝光率。钢琴喜欢低调，他让其他人发光发亮而自己表现得低调谦恭。然而，过分的低调有可能适得其反。荷兰前首相彼得·鲍肯内德是一位很有智慧的人，在从政之前他是阿姆斯特丹自由大学的教授。作为政府首脑，他始终默默地支持着麾下的各个部长，也把舞台留给他们，而自己却很少出现在大众的视野之中。这完全没给他带来任何好处，2010 年他所在的党派基督教民主党在选举中败北，他的政治生涯自此完全终结。

钢琴高手要面对的另一个挑战是：即便是非常艰难的决定也要坚持贯彻下去，并保持速度。民主党派的政治家们面对艰难的抉择普遍都心怀恐惧，因为一旦做出决定，选民支持率可能会立即下降。民主党派中的钢琴希望被所有人看好，不愿意因为棘手的决定而受到大家的批判。而钢琴高手的挑战就在于，在艰难的形势之下展示自己的骨气，从容自信地面对团队或者媒体。

钢琴高手面临的风险和隐患

钢琴很有自制力，他不仅能很好地把握团队，也能很好地掌控自己。但即便是钢琴高手也很有可能会因为对权力的追求而陷入危险，特别是当他达到了事业的顶峰并手握实权的时候。在心底里他坚信，权力必须通过民主手段合法化，而所有人都应该享受应有的权利。因为钢琴意志坚定、目标明确，所以他仍然可能会一而再地试图介入权力游戏。钢琴应该对一切权力游戏敬而远之，为了更好地做到这一点，他可以发挥更多的钢琴特性：团结众人，牵线搭桥，把团队的利益摆在个人利益之上。

钢琴高手的自我训练

进一步提高自己的领导素质是对钢琴高手的一项绝佳的训练。一种名为“赞赏型领导”（appreciative leadership）的方法特别适合钢琴。这种多人参与型的领导理念主张调动团队的创造潜力，把它转化为积极的变革力量。该理念有如下四大原则：

1. 联通各方、团结众人，推动流程上的互助协作；

2. 采用积极的世界观发现和认知每一个人、每一个团队和每一个机构的优良潜力；

3. 了解每一个地方存在的潜力，并将它转化为积极的力量；

4. 推动有积极意义的转变，让它如涟漪般传向四方。

钻研民主的深化发展对钢琴也是一项很有好处的练习，深度民主研究所（Deep Democracy Institute）在全球范围内开展不同的研究活动。钢琴高手也可以通过更有实践意义的方式来进行学习，比如，可以作为资深培训员为其他的团队及其发展提供支持；还可以作为创业天使通过相应的人际关系进一步优化自己的能力：在陪伴创业公司迈出成功第一步的过程中，不断发现团队成功的新细节。

钢琴的发展之路

在所有团队角色中钢琴的发展格外地自然天成。这一角色的多种良好特性往往在很早之前就已经形成。扮演钢琴角色的人中间，不少曾在中学时代当过班长，在大学也有活跃的表现；也有的人很早就开始担任协会主席一类的职务。他们在不同的地方负责过协调工作，为实现业绩付出过心力。他们很早就开始担负起责任，并学会了承担后果。随着时间的推移，钢琴知人识人的能力越来越强，他越来越善于发现每个个体的潜力，最终成长为名副其实的人才开发专家。

从心理学角度来看，钢琴这一角色特别吸引那些性格平和的人，他能从根本上信任别人，他的民主态度是以信任为基础的。此外他还有着高度的宽容。适合担任钢琴角色的人对主导地位颇有追求，处事理性多于感性。但纯粹的钢琴角色很少会吸引拥有绝对天赋或极富创造力的人。钢琴自己甚至可能毫无创意，但他能通过激发团队的创造力弥补自己的不足。

钢琴的发展关键点

- 学会了解和重视所有团队成员！让完整的乐队奏响乐音，这是钢琴生来注定的任务。
- 不要介入权力游戏！好好利用自己的能力融入群体，保持良好的人际交往。
- 在矛盾冲突中要展现出骨气！如果钢琴不逃避冲突的话，就能积极利用冲突的力量。

曲目 13

吉他：创新者

> 我不喜欢重复自己，我试着让每一首曲子都是全新作品，这样我才不会觉得无聊。
>
> ——作曲家斯蒂芬·桑德海姆

吉他是不拘泥于常规、富有创意的带头人，偶尔有些不切实际。他喜欢创造新的乐曲。往往需要较长时间他才能完全被团队接受。

吉他的优点：

- 独立的精神
- 充沛的创造力
- 丰富的想象力
- 敢于与众不同的勇气

吉他的弱点：

- 缺乏沟通能力

● 脱离实践、笨手笨脚

作为团队中的吉他，你的水平如何？凭直觉给自己的能力打分，分值范围为1～15。

1	2	3	4	5	6	7	8	9	10	11	12	13	14	15
新手					能手					团队高手				

吉他新手

吉他新手是一个有创造力但固执己见的人。他常常心不在焉，坐在角落里的他很可能作着白日梦，一时间浑然忘记了周围的一切。长久地一个人打发时间一点也不会让他觉得困扰。他有时候做手工作业，有时做实验，或者看书或者画画，也可能玩乐器。不管他对哪门学科感兴趣，音乐、艺术也好，数学、物理也罢，他总是沉迷于这项事物当中。程度之深以至于他有的时候难以彻底地回到现实中来，继续面对日常实际中的种种挑战。自由和独立对吉他来说非常重要，规章和制度不合他的胃口。有时候他认为，世界本不该是现在这副模样。

在团队中吉他很容易产生“我和别人不一样”的感觉，这种与众不同感让还是新手的他非常不开心，他有时觉得孤单。而从别人的角度来看，吉他往往显得冷漠而矜持。人们搞不太清楚他的想法，不是每一次胡闹他都愿意参与。

吉他通常不会主动申请某个任务，他一般都是被熟人介绍到团队里来的。对心思敏感的吉他来说，团队中这样的熟人很重要。其他的队友一不小心就会伤害到吉他。如果有大量建议被驳回，吉他会深感受伤地撤退。有的时候他只是没把自己的创意表述清楚而已。

吉他新手面临的挑战

对吉他新手来说最重要的是告诉自己：我就是我，这很好！也许我和团队中其他人不太一样，也许我时不时会引人注目，但这没有关系。我有创意，而团队需要创意。吉他不应该怀疑自己创意的质量，不然的话他就无法继续开发自己的创造能力。吉他不可以放弃自己的天赋，即使这项天赋一开始并没有得到足够的重视。然后吉他要学习把自己的所思所想说出来，不要什么事都藏在心里，而是敞开胸怀，把自己的想法付诸语言。

作为新手的吉他需要的是勇气。很多吉他一开始都封闭了自己，不自信，因此也不开口。他们敏感、害怕被拒绝。但是，当开始与队友们交流沟通，吉他就会充分发挥现实思维。服装设计行业就是一个很好的例子。以前从设计专业出来的人常常很有创意，但这些创意不但技术上行不通，而且也找不到销路。现在这一情况正在改变。我的女儿就读于阿姆斯特丹时装学院（AMFI），该校的学生必须从一开始就结合学习三个专业方向：设计、管理和品牌推广。每位设计师都要明白，一个好的创意必须能实现生产和物流，同时它还要适合服装公司的品牌形象。

吉他新手面临的风险和隐患

个人主义是吉他新手的一大隐患。没有哪个团队角色会像吉他这样容易和周围环境失去联系，在团队里独来独往的人基本上不可能做到充分联系实际。如果换一种方式，比如让一名吉他型的设计师和一位低音提琴型的管理者共事两年并成功完成不同项目，那么吉他就能获得大量实践经验。我认识一位音乐家，他长年累月地独自练习乐器，最后他演奏起来如疯似癫，让人不忍入耳！吉他的隐患就在于他自顾自、只按自己的喜好开发产品的工作风格。

不管吉他致力于哪种工作，在初始阶段很容易陷进忽视市场需求的泥潭。吉他应该学会不要把结合实际和满足市场看作恶劣的妥协甚或对艺术的背叛。只有切实可行的创意才找得到买家，只有找到买家才能带给人们快乐，才能让世界变得更美好。就算是音乐家、画家和作家都必须考虑大众，否则谁也注意不到他们，他们也就赚不到钱。如果吉他固执到底，拒绝合作并且陷入消极心态，那是相当危险的。

吉他新手的自我训练

提高自己的创造力对吉他新手很有好处。他应该有针对性地学习某些创造技术。不管是设计师、工程师还是广告撰稿人，视觉化训练是对所有创意人士非常有用的一项练习。在练习中可以选择任意一件事物仔细观察，可以是一栋房子、一束花或是一座雕塑。然后闭上双眼，在脑海中再现所有细节。能够看到清晰的画面吗？接着可以开始在脑子里改造这件物品：换上不同的尺寸、形状、颜色，把气味也加以调整。把物件放大、缩小或旋转，这也是一个很好的训练。设计师们经常运用制图软件做相同的事情。你也可以时常拿数码照片练一练手：剪裁构图，旋转图片，改变色彩、亮度、明暗对比等。

如果你觉得以上练习过于依赖视觉，也可以做一做思维训练。比如爱德华·德·博诺首创的六顶思考帽法。这个方法是让你分别从不同角度对同一个主题进行观察，每次观察都带上一顶不同“颜色”的帽子，这些帽子分为以下颜色：

- 白色：分析性思维 ——专注于客观事实；
- 红色：感性思维 ——专注于感受；
- 黑色：批判性思维 ——专注于风险以及问题；
- 黄色：乐观性思维 ——专注于最好的情况；
- 绿色：创造性思维 ——专注于增长和发展；
- 蓝色：条理性思维 ——专注于体制和流程。

最后还有一个建议：从现在开始练习讲故事！把脑中所想整理成语言，然后讲述给别人听，或者写成日记；双管齐下会更好。

吉他能手

吉他能手是一眼鲜活的创意源泉，这些创意被他充满信任地分享给其他人。吉他能手往往非常地理想主义，他想要通过生产和使用可持续性产品、节约能源或是通过社会变革等行为让世界变得更美好。和竖琴一样，吉他能手有一肚子渊博的知识，而且并不局限于自己的专业领域，他知识面的广博令很多人大为赞赏。和竖琴不同的是，吉他更喜欢研究那些碰得到摸得着的东西。吉他能手中间几乎没有人不对技术、艺术、建筑或者设计感兴趣。开发部门的工程师常常都是吉他能手。

团队合作对吉他能手来说不成问题，他已然接受了自己的与众不同，并且受到了队友们的尊重。团队内部的交流取得了良好的进展。这个级别的吉他可以很好地向别人解说自己的创意，水平较高的吉他能手甚至能恰当地利用故事、寓言生动形象地表达自己的意思。吉他能手可以忍受批评，只要大家始终允许他提出不同的想法。吉他能手能够从整体上看清各个环节的内在联系。比如，作为设计师他了解销售、审计以及物流方面的需求，并能发挥创造力做出应对。吉他能手的思路非常务实。

吉他能手面临的挑战

吉他能手的最大挑战是怎么把创意与现实理想地结合到一起。宜家是一个最为典型的例子，这个公司的每一项设计首先要考虑的就是产品成本有多高、是否能用尽可能薄的纸箱包装。实用型思维还能帮助吉他保持脚踏实地，接地气是吉他要面对的另一个挑战。创意越是绝妙，就越容易脱离实际。举例来说，坐落在柏林的荷兰大使馆是建筑大师雷姆·库哈斯的大作，这件作品受到了各大报刊的高度赞扬。但据知情者透露，一些使馆工作人员抱怨说，这栋大楼真的能把人逼疯，因为它太不实用了。

在结合实际的同时，吉他能手必须给自己的创意留出空间。有的时候也要能“说说梦话”，尤其是在大型的机构里。每一个吉他都要面对一项自己特有的挑战，那就是在创造性和自发性、实用性和可行性这两个极端之间找到真正的平衡点。吉他能手从真正意义上拥有了沟通能力，他明白，每一个创意要针对不同的人采取不同的沟通方法。团队里的竖琴、鼓、小提琴对吉他的创意分别有着不一样的观察视角。如果吉他了解这一点，就能因人而异地表述自己的想法。

吉他能手面临的风险和隐患

没条理是危及吉他的一大隐患，即使是吉他能手也存在同样问题。从他的办公桌、文件柜中就可见一斑。你想要吉他在下班之前收拾好办公桌，即“Clean Desk Policy”，这可不是一件容易的事。这还算不上太糟。但如果发展到严重阶段，他开始找不到文件、忘掉了重要的事情，那么整个团队就会深受其害。他的电脑也反映了相同问题：桌面上是些什么东西只有吉他自己明白，但至少应该保证邮件和资料随时能被找到！良好的日程安排对吉他也很重要，把预约忘得一干二净的风险在他身上发生的可能性相当高。

吉他对规章制度的抵触情绪也会妨碍团队合作的效率。比如说，开会的时候通常都会要求大家准时到会、针对会议内容有定好的议程、会后还要整理会议记录等，这些章程往往都是有实际意义的。但吉他通常不这么认为，当他对一切与标准流程、规章制度有关的东西都表现出敏感、愤然、不耐烦情绪时，就会造成团队气氛的紧张化。为确保顺利合作制定，团队规章时，吉他应该学会服从，因为他自己最终也会因此受益。

吉他能手的自我训练

练习提问的技巧可以给吉他带来很大帮助。提问能够给团队打开新的视角、指出新的方向，完成这一任务的最佳人选正是富有创意思维的吉他。有这样一位历史人物，他因为能通过巧妙提问引导出人们的新想法而广为人知，他就是苏格拉底。这位古希腊哲学家把自己的提问技巧称为“助产术”，因为通过提问能帮助新的想法降生。苏格拉底的提问法今天仍然有积极的意义，对吉他来说更是绝对值得研究。苏格拉底提问法的基本原则是通过技巧性的提问让被问者自行产生新的想法，而不是直接给出标准答案。可以这么说，现代的培训源于苏格拉底。

团队中的吉他可以直接提出大量的“W 问题”，即何事、何时、何地、因何、何以、为何等。要注意，即便是看上去理所当然的事也应本着批判的态度予以追问：谁说这是对的？我们为什么需要这个？等等。有些企业中开展了“干掉愚蠢的规章”竞赛活动，目的是发现并取消不必要的规定。这对所有吉他来说无疑是场大联欢，当别人毫无根据地相信着某件事情的时候，吉他也应该予以质疑。下面的场景就是一个例子：

> 竖琴：我们将会卖出 1 000 份，我们以前总是能卖出 1 000 份这么多。
>
> 鼓：我想要卖出 10 000 份，并且在 10 个月内完成。
>
> 吉他：你们是怎么推论出 1 000 份或者 10 000 份的？为什么不是 100 份？为什么不是 100 万份？

简而言之，规则就是：提出大量问题，即便有的问题看似“愚蠢”。其实没有愚蠢的问题，只有愚蠢的答案。提问时要注意变换视角，对信条要提出质疑，还要确保多角度思考。

吉他高手

成为高手的吉他已经能娴熟自如地演绎这一角色，他在团队中的地位也无可争议，有的时候他会因为颇具远见而备受推崇。现在的他恰恰由于自己的与众不同而对媒体有着独特的吸引力，媒体非常喜欢对具有高度创新色彩的吉他进行报道。他接受采访、参加各类交流研讨会。吉他高手利用自己的创造力为实现团队目标服务，同时他的理想主义往往也在增强。作为团队高手的吉他常常在追寻人生意义，他在思索人类的未来。他想要施行变革，并不只是让股东富起来，更要让我们的生活有真正的改善。甚至一些曾经被大多数人视为异想天开而不予理会的事情，后来也在吉他手中得以实现。

1971 年出生于南非的企业家埃隆·马斯克从很多方面来说都是一名吉他高手。同时他也一定是一面优秀的鼓，因为他敦促着他的团队以疯狂的速度实施各种革新。他的第一个大型创意支付系统 PayPal，让他成为富翁。eBay 公司于 2002 年以 15 亿美元买下了 PayPal，马斯克用这笔钱创建了特斯拉汽车公司等企业。最近我听说他在一场报告中这么开竞争对手的玩笑：他说他居然在一辆奥迪车内发现了一面单色显示屏。他解释道，一辆特斯拉拥有五台电脑，屏幕当然也是彩色的。而将来他们要围绕电脑来组装汽车。这就是吉他的说话风格，不乏讽刺与嘲弄。埃隆·马斯克最新的项目是高速超回路列车，这是一种最高时速约 1 220 公里的管道载客、货运列车。他的另一个项目是太空运输公司 SpaceX，目的在于实现在其他星球上的长期生存。

吉他高手面临的挑战

保持融入团队的能力并进一步改善与团队的合作是吉他高手所面临的最大挑战。新手阶段的吉他喜欢缩在角落里，而成为高手的吉他却有可能会让其他队友畏缩，因为其他人总觉得自己跟不上吉他的步伐。针对这种情形吉他必须采取应对措施，想办法稳住人心。比如说，他可以把自己的想法和愿望用尽可能简单的语言传达给大家。或者，他也可以下意识地展示自己接地气的一面，比如在庆祝会上露个面，也不妨偶尔和同事、员工们一起喝杯啤酒。

当吉他的愿景越来越庞大的时候，就更要重视约束条件。诚然，把看似不可能的事情变成可能是吉他应该完成的任务，但即使是天才也有无法突破的极限，例如，资金等的制约。在这些方面埃隆·马斯克是一个优秀榜样。迄今为止，他所有的项目都拥有雄厚的资金，并且最终也获得了良好效益。至今仍然能够保持成功的新经济创业企业为数并不多，PayPal 就是其中之一。在特斯拉汽车项目上，埃隆·马斯克相当务实地获得了政府的资助，还把汽车集团戴姆勒也拉上了船，特斯拉 S 型的一整套部件都是来自梅赛德斯—奔驰 E 系列。这个办法并不具有创新意义，但是经济实用！

吉他高手面临的风险和隐患

知识分子的傲慢是吉他高手存在的隐患之一。诚然，他有着绝妙的想法，甚至堪称远见卓识，但不应该因此而把其他人统统看作傻瓜。吉他高手一不小心就会连续数小时地挖苦这个世界上精神是多么地贫瘠。爱因斯坦有一句广为人知的名言："有两样东西是无穷尽的，宇宙以及人类的愚蠢。但是对宇宙我还不太确定。"这就是典型的吉他，多么刺耳的嘲讽和痛斥！媒体都喜欢追逐负面批评，格言警句越有力度越好，但在团队中冷言冷语、挖苦嘲讽不会带来任何好处，一定要注意。

成为高手的吉他也可能会表现出一定程度的冷漠和难以接近，这让他和团队之间产生了不必要的距离。一些吉他的衣着和行为有着老佛爷卡尔·拉格斐式的抢眼和乖张，这就加深了他和其他队友之间的鸿沟。吉他并不一定非得像竖琴一样平易近人，但他可以稍微学一学钢琴的低调。如果一个天才不总是强调自己的优异和与众不同，那么他就能带给更多人启发和鼓励。吉他身上多多少少有一些怪癖，团队也应当接受这一点。

吉他高手的自我训练

我在本书曲目 6 中讲述过寻找创意的 Jam，它就是为吉他高手量身定做的训练。训练可以从传统的头脑风暴研讨会开始。吉他高手在集体中如鱼得水，可以由他来主持这种集体研讨会。吉他应该学习相应技巧来整理小组的汇总和简报，在会议中也要能巧妙运用各类创意技巧。而王牌准则就是要真正地进行革新性 Jam，这常常需要一整天，或者通过互联网进行几天或几周。组织这种 Jam 的吉他高手必须有优秀的沟通能力，并能与其他队员良好互动。

通过每一次的创意会，吉他都能学到更多的东西：随机应变、诚恳坦率和信任他人。在到达了某个发展阶段之后，吉他会知道什么时候他需要加以推动，什么时候应该把舞台留给他人。成为高手的吉他要学会偶尔对自己的想法放手，学会信任团队。要告诉自己：今天的创意会上一定能产生好的东西，我不是唯一一个负责贡献创意的人，我先等等看，其他人都有什么样的想法，看看我们是否能达到目的。如果吉他能抱有这样一种基本态度，就自然而然不会过多地批评别人，而是用开明、期待的态度对待别人的建议。

吉他的发展之路

在新手阶段吉他往往是团队里的怪咖一名。别人常常不知道该怎么和他相处，而他自己也喜欢躲在一旁。随着他越来越勇于敞开自己、讲出自己的想法，与团队的合作也就越来越顺利。很多团队最多只需要一位真正的吉他，他们愿意让这样一个人作为队伍里的特别存在。吉他是否能用积极正面的态度对待他人，这决定了很多事情。如果他克服了自己冷言冷语、讽刺挖苦的癖好，就能给团队带来很多欢乐。然后他的创意会被其他人看作团队的真正财富，大家还会觉得与他交流是一件非常有意思的事。

从心理学角度来看，吉他这个角色吸引的通常是聪慧、敏感的独行客。而这样的人一开始并不愿意在团队中工作，他通常是被熟人拉进甚至是被逼进了团队，刚开始的时候他感觉很不自在。一个运转良好的商业队伍给有创造力但内向的人提供了人格发展的大好机会：在团队合作中他将高度发展自己的社交能力，他会明白，共同合作的确比特立独行更有效。最终他甚至还能领悟到，只要恰当地加以推动并通过适合的形式加以释放——就像在创意 Jam 活动中那样——集体智慧就能创造出骄人的成绩。

吉他的发展关键点

- 坦然接受自己是与众不同这一事实！你的创造力是团队所需要的，它能对其他队友产生促进作用。
- 保持和他人的交流！不断与他人进行对话，通过对话更好地了解对方也让对方更好地了解你。
- 思考问题要结合实际！如果你并非艺术家，那么就应该让你的创意创造效益。始终要考虑实施问题。

曲目 14

竖琴：监评者

> 作为竖琴专业的学生，阿尔班·伯格、阿诺德·勋伯格以及贝拉·巴托克的作品曾是我的精神家园。……对我来说，音乐必须尽可能地复杂化、复合化，并且具有冲击力。
>
> ——女高音、竖琴演奏家桑德琳·皮欧

竖琴往往是严肃、具有批判性思维的人。他热衷于对音乐作品的分析和演绎。他总是注重数据、资料和事实。

竖琴的优点：

- 思维富有分析性
- 以事实为导向
- 能保持头脑冷静
- 战略化的思维能力

竖琴的弱点：

- 过度小心
- 倾向于提负面意见

作为团队中的竖琴，你的水平如何呢？凭直觉给自己的能力打分，分值范围为1～15。

1	2	3	4	5	6	7	8	9	10	11	12	13	14	15
新手					能手					团队高手				

竖琴新手

作为新手的竖琴是团队中的资料库，他的世界由数据、资料、事实构成。竖琴往往显得很封闭，人们通常都低估了他真正的社交能力。他严肃、批判性的风格也是原因之一。作为新手的竖琴很难被调动起情绪。每一个新的创意他都想要先好好地思考一番，即刻就做出决定他觉得完全不可取，他总觉得其他的队友可能漏掉了一些东西！竖琴总想着要保险起见，因而他对团队会议总是作足准备工作。大多数的资料都装在了他脑子里，没记住的部分他也能很快地找出来、认真仔细地补充进去。

大多数的竖琴在学生时代都曾经是班上的优等生。他像海绵一样吸收着知识，对所吸收的知识，他不仅存储，更会仔细思考、整理归类，因而他能自如地应付相当大的信息量。在团队中他因博学而很受重视。可能大多数人都想不到，竖琴还非常富有想象力，他能通过图表或者是自己绘制的图形把抽象的知识变得具体形象、一目了然。竖琴不仅能看清错综复杂的相互关系，还能清楚地把自己的见解讲述给其他的人——这和新手吉他恰好相反。但是团队也必须给竖琴留出安静的空间，千万别把他扔进嘈杂的大办公室里去！

竖琴新手面临的挑战

新手阶段的竖琴要面对的最大挑战就是要在团队中鲜明地表达自己的意见。不管是在会议中认真听取别人的发言，还是做会议记录以便会后整理思路，这些对竖琴都不成问题。但有时候团队需要大家当场提供分析意见，这个时候竖琴就应该积极参与。在发表意见或是回答别人的问题时，竖琴需要注意：发言和回答要尽量简洁。如果竖琴开始长篇大论，那么小号、低音提琴和小提琴很快就会听不下去。当鼓失去耐心而打断发言的时候，竖琴可能根本没讲到重点。

竖琴需要注意的是，不管在任何情况下都要始终保持客观性。因为竖琴新手大多看上去既安静又缺乏热情，所以那些嗓门大、情绪高的队员会试图把竖琴争取到自己这一方来。这种时候竖琴绝不能受人操纵，尤其要小心的是，不要让别人利用自己的知识去支持他们的立场。竖琴还必须坚持自己的观点，或者明确地告诉别人，自己给出的只是客观事实，怎么诠释这些事实因人而异。

竖琴新手面临的风险和隐患

竖琴新手表现得安静、冷淡并且理智，他看上去不像是感情丰富的人，这可能会引起他人的误解甚至反感。担任竖琴这一角色的通常是那些比较安静的人，一声不响地做着自己的工作，也厌恶嘈杂的环境，音量偏高的音乐声就足以让他心烦意乱。由西尔维亚·吕肯（Sylvia Löhken）撰写、GABAL出版的《内向也是一种优势》给出了一些很好的建议，书中讲解了谨慎低调的队员应该怎样更准确地展现自己、更好地表达自己的意见，同时又不违背自己的个性。竖琴新手应该多下工夫，摆脱被忽视并且毫无影响力的境遇。

没有决策力是新手竖琴面临的另一个风险。当竖琴还在慢慢地思前想后、找不准自己的定位时，别人——特别是鼓和钢琴——已经跳过他做出了决定。在作决定的过程中，新手竖琴也应该偶尔做出一点回应。如果他总是反复不定、犹疑不决，迟早会成为大家嘲笑的对象。竖琴在团队中的定位取决于工作大环境以及他担任的职能角色，在律师事务所或者财务审计所竖琴的定位问题肯定不如在广告公司里那么重要。

竖琴新手的自我训练

学习分析技巧对竖琴新手是很有用处的一项训练。和吉他的训练相似，竖琴首先要开发自己的能力并加强自身优势。SWOT 的分析法是众多分析技巧中的一例，它指的是在具体情况下依次审视优势（strengths）、劣势（weaknesses）、机会（opportunities）以及威胁（threats）。在做任何重要决定之前几乎都能运用 SWOT 分析法来进行前期的准备。此外还有一些简单的分析技巧，比如核对清单、业务考核、ABC 分析法等。通过 ABC 分析法可以查明哪些产品或哪些客户分别在企业营业额中占有最大份额（A）、平均份额（B）以及最小份额（C）。

还有一个比较简单的练习，可供竖琴在业余时间里使用：时常收集一些正反两方面的论据并记录下来。可以在点评类网站上写用户点评，在自我训练的同时也能给他人提供帮助。在点评类网站上给餐馆、酒店或商店等写评语、打分，竖琴是最为合适的人选，他的点评中肯又可信。通过定期写评语，竖琴可以学会清楚明了、详略得当地表达自己的想法。参加问卷调查以及用户测试也为竖琴提供了不断训练自己的分析和评估能力的机会。

竖琴能手

即使成为能手，竖琴依然严肃认真、极具批判意识，不少人仍然觉得他为人冷淡。但是说老实话，这个阶段的他已经变得比以前有所放松，他不再对一切事都过度紧张。这在很大程度上受之前与其他团队角色合作经历的影响。如果合作对象都是竖琴——比如在税务师或审计事务所，那么他并不需要对自己做太多调整。但如果是在一个五花八门的团队中，与成群的小号、鼓以及小提琴共事，那么随着时间的推移他也会逐渐感染上快乐、生动和温暖的色调。

竖琴能手有着优秀的分析能力，即使情况错综复杂，他也能一目了然，从一团乱麻中理出头绪。他的评估、总结和分析都很客观、中肯并且通俗易懂。竖琴的社交行为发生了明显的变化。现在的他能够想他人所想，开始融入人群；在提批评意见的时候也很注重技巧。在对安全的渴求以及冒险精神两者之间他找到了更好的平衡点。至于做决定，他认为有的时候必须果断地拿定主意，即使仍然有风险，他也能够接受。他尽自己的一切力量为队友提供所需信息，帮助大家做出正确的抉择。

竖琴能手面临的挑战

真正用心地倾听他人，并调整自己配合他人是竖琴能手要面对的挑战之一。他尤其应该弄清楚，在不同情况下需要给团队提供什么样的信息、信息要具体详细到何种程度。想要很好地做到这一点，主动的交流和定期的沟通就必不可少。竖琴仍然倾向于把分析做得过分详细，他发表的批评意见也不见得总是受人欢迎。成为能手的竖琴应该更好地了解团队内部的群体互动，这样他才能知道，批评的意见有时会让队友失去动力，虽然从竖琴自己的角度来看他只不过是实话实说而已。

普遍说来，换位思考、针对不同目标群进行交流对竖琴来说是一大挑战。随着时间的推移他应该明白：事实并不仅仅是事实，它传递着某种信息和看法，并会激发听者的情绪。医生问诊就是一个很有代表性的例子。从前的医生并不太顾及自己作出的诊断会给病患带来怎样的感受，而今天在先进的医学院里，医生们要接受心理学训练，学习与患者交谈时如何尽可能地体会对方的心情。除了要学会感受他人的心情之外，竖琴还应该乐于尝试。如果他愿意参加 Jam 活动，一定能学到更多东西。

竖琴能手面对的风险和隐患

竖琴能手存在的隐患之一就是辩论中非要在事实方面

争个输赢，这样往往会输掉人际关系。诚然，竖琴常常比别人知道得更多，有的时候他的想法也的确比其他人更靠谱，但是他不应该因此就固执己见，毫不顾忌别人的感受。人人都有权表达自己的观点，即使这些观点在竖琴看来并不客观，甚至是肤浅的。要解决这一问题，竖琴需要掌握折中这门艺术，否则就会朝着冷言冷语、反对成癖的方向发展。他会认为，自己横竖都占理，其他人的劝告丝毫听不进去。

对于已经晋级到能手的竖琴来说，喜欢否定别人仍然是存在的隐患之一。因为他喜欢把事情摆在放大镜下苛刻地加以研究，当然总是能找到很多反对的理由。比如他觉得某个新项目或新产品的成本过高，就会反对该项目或产品的实施或研发。管理团队中的竖琴在碰到这种情况时尤其需要注意，别落下爱唱反调、斤斤计较或是顾虑太多的名声。竖琴能手还面临着做事僵化死板的风险。竖琴追求安全保险，而规章制度能带来安全感。但是当需要进行创新变革的时候，就必须有意识地打破常规。

竖琴能手的自我训练

竖琴能手可以多花工夫钻研高级别的分析技巧，这些技巧往往也同时是管理技巧。网络规划法就是其中一例，它针对的是不同行动之间的连接，经常用于对项目的日程规划。关键路径法（critical path method，CPM）是网络规划法中的一种特别形式。这一方法使用箭头表示，不同的箭头组合成决策树形图。在进行过相应的训练之后竖琴可以很好地将这一模式用到团队的决策制定中来。决策树给操作箭头添加了带有入口和出口的决策点。在每一个出口可以根据概率值归类接下去的路径。这样就可以把决策过程更好地具体化。能帮助竖琴将分析能力与沟通能力相结合的训练也是非常有益处的。肯定式探询（appreciative inquiry，AI）就是一例。竖琴喜欢把注意力集中在有问题的一面，他关心的重点是：出了什么问题？哪里出了问题？谁犯了错误？而 AI 着重关注的总是资源问题和积极的方面。这一方法促进的是团队中赞赏、积极的基本态度。这一方法是由美国凯斯西储大学大卫·科伯瑞德在 20 世纪 80 年代创立的。AI 法包括了四个阶段：探索新知、构筑梦想、组织设计、把握命运。

竖琴高手

作为团队高手的竖琴是一位真正的战略家，他并不局限于分析，更能超前思考！这个阶段是竖琴发展历程的最后也是最重要的阶段。成为高手的他能利用现在的分析结果推断未来的形势，他就像一位专业棋手，每下一子之前总能提前推算很多步棋，这是棋艺平庸的人无法做到的。而与下棋不同的是，现实是错综复杂的，几乎所有的条件都会随时改变。最优秀的竖琴是变幻莫测的世界中的导航员，其他队友长久以来看不透的事情他也能理清头绪。

成为团队高手的竖琴浑身散发着平和沉稳的光彩，他原本的冷漠感往往被一种和煦的、毫不生硬的亲切感所取代。这样的竖琴还常常小有幽默感，比起大笑他更喜欢微笑，但他也认识到，有的时候激烈的情绪也属于团队的一部分。更重要的是，竖琴工作极其用心，当他沉浸在战略制定中时，几乎会让人觉得他也能激情洋溢——几乎而已。实事求是、客观公正仍然是竖琴的优点。高手级别的竖琴还能够看透其他队友的想法和感受，他能预料到队友可能作出什么样的反应，然后对自己的表达措辞做出相应的调整。

竖琴高手面临的挑战

保持与业务最近距离的接触，始终关注市场、客户和员工，要做到以上种种即便对竖琴高手来说无疑也是一项挑战。有的竖琴因为出色的头脑进入企业高级管理层，在这里他需要改革创新，并能迅速作出决策。当诺伯特·雷瑟夫 2006 年出任宝马公司董事长时，大家还认为他是一个毫不起眼、理智冷静的技术至上论者，几乎没人对这位专业技术人员抱有信心。但是他对生产和物流了如指掌，在这两个方面他实现了效率的最大化。与此同时他还发挥了对时尚和设计的鉴赏力，并给予了设计师们极大的创作空间。

在诺伯特·雷瑟夫的领导下，宝马奠定了绿色环保的企业形象。该集团也开始研发电动汽车并将之推向市场。宝马的电动汽车并不像其他制造商那样是在已有的车型上改造而成，而是采用全新的构造。董事会似乎已经认识到可持续发展是大势所趋。与此同时，他们继续销售传统型号的豪华车，从中赚得了数以亿计的资金用于创新研发。雷瑟夫从“毫不起眼的技术至上论者”化身为近年来最成功的经理人。很多竖琴高手都有着和他相似的境遇，一开始被人低估，后来却展现出对客户、潮流和社会发展的敏感性，让大家跌破眼镜。

竖琴高手面临的风险和隐患

尽管成为高手的竖琴已经具备了各种社交能力，但他仍然面临一种危险，那就是因为过分的理性而难以被队友真心对待。对参数系统、收支结算或是商业法一类的东西竖琴高手可以无止境地苦心钻研，但是站在所有的结算表、平衡计分卡的背后的是人。竖琴高手偶尔也应该表达出自己对这一道理的深刻认知。否则，“技术至上、把数据看得比人更重要”的名声总有一天会真的落到他头上。

宁可独自思考也不愿与人为伍，这是一直潜伏在竖琴身边的隐患，作为团队高手的他应该有意识地改变这一状况。他应该多花时间和同事们聊聊天，定期了解身边人们的情况，并维护好自己的人际脉络。融入人群、出席社交场合能给竖琴带来积极的影响。反应过慢、思虑过多依然是竖琴的隐患之一，长此以往他很容易让意志力强、积极性高的同伴灰心泄气。真正的竖琴高手也是能够适应高速的。

竖琴高手的自我训练

高手级别的竖琴可以钻研高难度的方法、模式并从中受益。情景规划、博弈论或者系统论可以帮助他更好地理解错综复杂的实际情况，并以此为基础发展出通向成功的战略方针。竖琴高手不妨给不同的模式建立一个数据库，也许将来的某个时刻竖琴甚至能够从这些不同的方法中发展出自己的元建模。建立企业百科，对竖琴高手来说也是一项很好的练习。编撰百科的时候大家都平等地汇总各自的知识，这样就开发了集体智慧。

竖琴高手还可以加强横向思维，训练自己把分析能力更多地同创造力结合起来。横向思维这一概念来自爱德华·德·博诺。和通过严密的逻辑性步骤寻找解决办法的纵向思维不同，横向思维允许视角转换、直觉、联想以及模糊不清（模糊逻辑）。维基百科就有以下例子：针对“在有 111 人参加的淘汰制大赛中，必须进行多少场比赛才能最终决出冠军？”这一问题，大多数人都会通过纵向思维寻求答案：第一轮要有多少场比赛，第二轮、第三轮，依次类推。最终得出结果为 110。而横向思维则可以通过视角的转换，不需要太多计算就能得出同一结论：如果有一人为冠军，那必须有 110 人失败。而每个人只失败一次，那么相应地，比赛总场数就是 110。

竖琴的发展之路

团队中的竖琴一开始非常地小心谨慎，并且也相当安静。其他的团队成员想要了解某方面知识的时候必会询问竖琴，那么竖琴就会开了闸似的知无不言，有时候甚至会讲得过分详尽。当竖琴越具备团队精神，他就会表现得越坦率、越有沟通力，也越轻松，他会把自己宝贵的知识贡献给团队。而且他的观点也在变化。新手阶段的他最喜欢关注过去和现在——他的强项就是审计核算，渐渐地他越来越多地着眼于未来以及未来战略，他分析性的思维最终会兼具横向性和创造性。

从心理学角度来看，竖琴这一团队角色最适合那些智商高同时又安静、谦虚，经常持观望态度的人。拥有这些性格特质的人不喜欢当领导去制定各种决策方针，他更愿意服从别人的领导。在团队中这样的人会大幅度地敞开自己并不断进步，他的分析和战略能力是团队的重要资源。几乎所有的企业都需要竖琴人才，一开始他负责的是数据和事实，比如商务总监或财务人员；后来他往往能制定出绝妙的战略。

竖琴的发展关键点

- 运用你的知识！你能帮助团队做出重要的决定，不要犹豫，主动参与。
- 关注他人！不同的人有不同的决断，学会认知人们的动机。
- 运用横向思维！摆脱惯有的逻辑思维构架，接受新的观点。

曲目 15

圆号：完美主义者

> 拥有明确的计划对我来说很重要。比起每天漫无目的，有计划才能做成更多的事情。我至今都做不到毫无计划地过日子，那样会让我的心情糟糕透顶。
>
> ——小提琴演奏家朱莉娅·费舍尔

圆号是一个敏锐的角色，他并不起眼，但很有团队精神。他喜欢有条不紊，并且注重细节，每一个环节他都要严格地按照计划来进行。比起数据和资料来他更信赖自己的直觉。

圆号的优点：

- 有条理，有规划能力
- 出色的直觉
- 热衷于细节

- 永远仔细认真

圆号的弱点：

- 一旦偏离计划就容易烦躁
- 情绪敏感，容易紧张

作为团队中的圆号，你的水平如何呢？凭直觉给自己的能力打分，分值范围为1～15。

1	2	3	4	5	6	7	8	9	10	11	12	13	14	15
新手					能手					团队高手				

圆号新手

作为新手的圆号已然崭露了他做事一丝不苟、有条理并且注重细节的一面。和竖琴不同，圆号不关注数据和事实，对他来说，良好的感觉重要得多。所有事情都必须契合协调，每个细节都必须正确无误，这样圆号才能稍微找到点圆满的感觉。然而问题也随之产生：为了确定一切都真的正常无误，圆号来来回回地检查又检查，完全有走火入魔的倾向。而队友们很快会觉得这家伙吹毛求疵、小心眼儿。但是圆号能始终总览全局，这也让团队受益。此外他还能确保，所有开始的工作都能有始有终。当小号和吉他已经没了干劲的时候，圆号仍然能够专心致志地接着干。因此贝尔宾把圆号称为完美主义者。

作为新手的圆号对压力极其敏感。问题就出在他出色的直觉上。担当圆号这一角色的人比较信赖的是自己的直觉，而不是理智或毅力。圆号痛恨事情出偏差，并且想要让一切都尽善尽美，因此在新手阶段他让自己担负了太多任务。和喜欢指挥别人做事的钢琴相反，圆号时常会揽过别人的工作。他的情绪常常是紧绷的。圆号拥有灵敏的直觉，但又不能百分之百确信自己的感觉，或者说他不擅长把自己的感受整理成语言传达给其他队友，因而他常常把自己的预感和感受隐而不发。

圆号新手面临的挑战

圆号新手不怎么起眼。具有团队精神的他默默无闻地在幕后做了大量工作，从而保证计划的顺利进行、细节的无一遗漏。领导助手这一职能角色通常是由圆号担任：作为助手的他努力确保企业的正常运作——而领导则走上台前接受掌声。圆号首先要学的是彰显自己。他需要克服障碍，让自己不再默默无闻，并能充分发挥自身能力。对于表述自己的感受他也同样需要付出努力，这对圆号来说极为重要，因为如果他从来不把感受说出来，压力就会越来越大。

圆号要鼓起勇气把自己过人的直觉作为一项有利的资源运用到团队中来。举例来说，在面试新员工的时候，圆号能够立即感觉到对方是否适合自己的团队。然后圆号应该把自己的意见说出来，表达意见时，圆号不要掩藏自己最真实的想法而只说一些理性的理由，他应该明确地告诉队友自己的感受。同时圆号新手还应该培养自己灵活应变的能力，不是所有事情都能完美地进行，有的时候完美反而没有效益，因为客户出不起相应的价钱。在这种情况下也可以用“良好”来代替“优异”。如果圆号能认同这一点，他的压力自然也就会减少。

圆号新手面临的风险和隐患

在极端的情况下，圆号新手既默默无闻又长期超负荷工作。他完全隐没在幕后，为确保工作的完美开展而包揽了各种任务，因此他面临着精疲力竭的危险。想改变这一局面他就应该更从容一些。圆号应该问问自己：哪些事情是我能改变的，而哪些我不能？圆号经常在他无法做出改变的事情上耗费太多时间。如果他能学着调整自己内心的焦躁，就可以更好地把精力集中在自己的优势上。圆号应该接受“世界并不完美”这个概念。他可以也应该尽力做好自己的工作，但要明白，他的影响力是有限的。

一旦有事情出了岔子，圆号新手就会惊慌失措，而别的团队成员就会很不爽，他们会觉得圆号反应完全过了头，这是圆号面临的隐患之一。如果圆号能及时地、一点一点地把自己的感受分享给队友，那么他就能避免这种“番茄酱瓶子效应”（即一开始挤不出来，一出来就是一大片）。

圆号还有一个隐患，可能不那么严重，但仍然有危害，那就是做事拘泥迂腐而让自己在团队中很不受欢迎。要改变这种情况，圆号除了要宽和、从容之外，还应该开诚布公地和队友交谈。这样他就可以解释自己的想法，比如，他可以好好说明理由，为什么某件尚未着手的小事必须马上完成。

圆号新手的自我训练

针对目标管理分配时间对圆号新手是极为有益的一项训练。训练的关键点首先是以目标为导向。计划和组织工作对圆号大概早就不在话下，但作为新手的他倾向于把所有事情都摆在同等重要的地位，想要事事都尽善尽美。而明确的目标能帮他整理思路：我们作为团队要达到怎样的目的？为此又必须经过哪些步骤？什么是主要的？什么是次要的？像是艾森豪威尔矩阵这种简单系统就能非常好地支持这一练习。按照艾森豪威尔矩阵，每个任务都可以归入以下四个类别当中：

- 紧急重要事件
- 重要，但并非特别紧急的事件
- 紧急，但并不重要的事件
- 既不重要也不紧急的事件

如果圆号开始以目标为前提把事情加以分类，那么他就能从容自若得多。此外，定期了解顾客和其他团队成员的期望也是非常有帮助的。对目标和期望的了解可以通过练习来加强，这样的磨合过程既节省了人力也减轻了压力。

也许圆号偶尔也想玩玩游戏，并在游戏中运用自己的天分？那么图片找不同就是个很合适的游戏。你一定知道“找不同”这种游戏，通过这样的图片挑错练习，圆号不但可以提高自己的精准性，还能帮助其他的队友，比如他可以帮大家做文档的校对、检查报告或表格等。这些时候，圆号可以破一破例揽过别人的工作——但只是作为练习而已！

圆号能手

能手级别的圆号是团队的地震仪。他观察细致入微，能发现被其他人忽略的地方。此外他还能感受到团队内部的情绪波动，这便为其他队友提供了很有用的一个探测器。这一阶段的圆号有着更强的规划能力。不管是日程安排、组织项目还是大家的生日都尽在圆号的掌握之中。他从完美主义者转变成为注重质量的人，个人的感觉不再是唯一的衡量标尺，团队目标以及客户期望也是重要指标。

能手级别的圆号非常清楚团队可以从每一个已完成项目中学到些什么。圆号热爱审查工作，而圆号能手可以在审查中进一步反省并总结经验教训。现在的他也不再一人独自揽下全部工作，而是根据需要不时地调动其他的队友，比如当需要详尽数据时他会求助于竖琴。圆号的压力程度减轻，这也让其他人更轻松愉快。他变得更包容，不再因为一点小事就惊慌失措。

圆号能手面临的挑战

充分培养灵活性、学会随机应变，这是圆号能手面临的挑战。这两件事情对圆号来说都很有难度。随机性和规划性是两个对立面，但是在未来的团队中，这两者的结合会变得越来越关键。颠覆性企业既能随机应变，又具备高度组织性，它们能不断地根据情况调整自己、重新规划。圆号能手还需要学习的是：不但能制定出好的计划，同时也能够随时放弃原有计划，发挥灵活应变能力度过过渡阶段，直到制定出更好的新计划。

此外，圆号能手应该学会完全相信自己的直觉，同时还能把自己的灵感尽可能准确地组织成语言并传达给队友。这样圆号就成为团队的“雷达”——就像是经典美剧《风流医生俏护士》里演的那样：在越南战争期间的一间野战医院里，有一位外号“雷达”的下士，他不仅是营地指挥官的秘书和助手，还是营地的人形预警系统。他简直像是拥有预言天赋似的，在无线电通知到达之前，已经作出通报，说有直升机携带伤患正在飞来的途中。这就是一位高水平的圆号能手！

圆号能手面临的风险和隐患

团队中是否有一名追求绝对完美的成员，这在不同工作环境中常常有着重要的甚至决定性的意义。在医院里，这甚至能够决定生死。对一流企业而言，完美常常是它们对质量提出的保证。但是过度地追求完美也会给团队带来极大压力，最终顾客也不会买账。圆号能手存在的隐患之一就是：随着他在团队或企业中担负的责任逐渐增大，他就越发地追求完美。但是他必须把握尺度，即使是六西格玛所定义的最高境界的“无差错”也不是百分之百，而“仅仅是”百分之九十九点九九九……

如果圆号能手不当心的话，他努力谋求最佳方案的行为就会蜕变为优柔寡断，这和想要做出完美分析的竖琴所碰到的情况一样。举例来说，针对新产品将要采用哪八种颜色，其他队员终于统一了意见，这个时候圆号却突然提出新建议，说这个调子的绿和那种调子的红比原来的方案更好，队友们纷纷摇头，因为他们实在很难分辨出新旧色调的差别。圆号总希望越美越好，但如果他迟迟不做出决断，那就是在惹是生非了。

圆号能手的自我训练

调节压力对圆号能手来说是一项很好的，有时甚至是至关重要的练习。目前已经有了一系列针对从心理上减少或消除压力的方法。圆号能手应该好好地试一试不同的方法，从中找出最有帮助的一种或几种。（圆号的情绪如果不那么紧绷，那么其他队员的神经也将受益。）根据齐克森·米哈里的心流理论（flow），没有压力的状态存在于要求过高与要求过低两者之间的适意心流之中。如果往两个极端发展就会分别导致职业倦怠（burn-out）和极度无聊（bore-out）的情况出现。

圆号能手还可以研究学习风险分析。与一位竖琴能手建立合作伙伴关系将会取得更好的效果。圆号应该怎样运用自己出色的直觉并带来成效？风险管理不失为一个好的办法。一旦圆号嗅出了危险，竖琴就可以同步检验、分析风险可以被控制在哪个范围内。所有能帮助圆号把感觉转换为语言的事情对他都是非常有帮助的。写游记是一个不错的练习，圆号可以练习怎样把自己旅途中的经历通俗易懂地描述出来。

圆号高手

圆号高手的直觉已得到了大家的信赖；谁要是想知道团队接下来会碰到什么样的情况，应该去问圆号。作为团队高手的圆号也认识到了自己的价值，他不再隐藏在人后，而是努力让自己受到注意。他不仅会踊跃发言，还能够将自己的见解用通俗易懂的方式表达出来，就连只看重事实的竖琴现在也能很好理解圆号的意思。做事有始有终、认真仔细并且井井有条，这些是圆号始终保持的优点。但成为团队高手的他不再拘泥于细节，而是能在放松的状态下顺理成章地确保工作的良好进行。

对于创造舒适怡人的工作环境，圆号高手非常有一套。对他的风格和品位大家尽可放心，要想对办公室好好做一番装修，那就少不了圆号高手的规划。如果让他来布置整栋大楼，那他更会大展拳脚！同时大家无须担心好的创意会在实施中卡壳，只要是圆号能手在掌舵，那么事情就一定会有始有终。谁挡了路，他将有幸领教圆号高手严厉无情的一面。对于完美，圆号早已不再过分追求。一旦他认定了一项计划，就会一丝不苟地执行下去！

圆号高手面临的挑战

几乎一切事情都在圆号高手的掌握之中，因此他只需再攻克几项小小的挑战，其中之一就是：更多地请求别人的帮助。圆号知道，如果自己单独完成某件事情，他一定可以做得好。但不是所有的事情都可以一个人完成的，因此圆号有时也必须寻找帮手，告诉对方：现在我需要你的帮助。现在的圆号可能必须更清楚明了地表达自己求助的意思，因为大家早就习惯了圆号高手的无所不能，所以几乎没人会想到要主动提供帮助。这个时候大家可以通过协商确定谁负责哪些任务，并把协商结果记录到日程安排中去。

圆号高手偶尔也需要提醒自己，客户的需求是什么。不可以把自己当作标准，一般客户的期望值和愿意支付的价格都低于圆号的预料。越来越多的奢华酒店因为房间价格无法支撑酒店的人工和开销而不得不关门歇业，这就是很好的例证。圆号必须检验自己的设想是否可行，并要有做出删减的心理准备。圆号逐渐变得更务实，这也有一个附带的好处：他内心的紧张感会逐渐消减。

圆号高手面临的风险和隐患

即使已成为团队高手，圆号仍然必须注意：不要过分拘泥于细节。大众汽车前任 CEO 费迪南德·皮耶西曾被看作车体间隙狂热爱好者。车体间隙指的是车体相邻部件之间的空隙，例如，车门和车盖在关闭状态下留出的缝隙宽度，就是车体间隙。皮耶西想要尽可能地缩小车体间隙，并把这个指标作为大众和奥迪汽车品质完美的标志。这位领导似乎痴迷于这个理念，他把相关负责人召集到自己的办公室并通知他们，在半年之内要把所有车体间隙缩小到四毫米以下，并威胁道：如果你们办不到，就会统统被解雇。

有些高级别的圆号往往冷漠地追求着完美，这样的圆号算不上是团队高手。如果圆号高手把内心追求完美的紧迫感直接传递给他人，那他对团队的要求就很容易成为苛求。质量理念不应该成为执念，圆号也应该控制自己，不能因为一点小事就谴责队友。皮耶西有一次造访了位于南非埃滕哈赫的大众汽车厂，在巡视厂房的时候他问起“5a地点”，不管是南非大众的老板、工厂厂长还是质量管理总经理都不知道“5a”是大众公司内部对终检部门的指代，他们也不需要知道了，因为皮耶西把他们全炒了。

圆号高手的自我训练

正确地理解质量思维和质量管理是对圆号高手非常好的训练机会。很多方法值得圆号高手钻研学习。全面质量管理（total quality management，TQM），是源自日本汽车工业的一种管理方法。TQM首要的优点就是：谁想要成功引进这套办法，就必须得到全体员工的支持。没有高超的社交能力是难以实施这种形式的质量管理办法的。TQM在欧洲流传最为广泛的形式是EFQM模型，这一模型遵循的是一种全面性的、以结果为导向的方针。作为欧洲对日、美质量理念的响应，该模式是在人、流程、结果这三大支柱的基础上发展而成。

高绩效组织（high performance organization，HPO）是值得圆号高手在练习中钻研的另一项方法。这项方法的重点在于建立企业的高效率文化，实现效益的最大化。要建立一个高绩效组织是一个较为长期的过程，它同时涉及很多层面。最重要的出发点是企业战略、顾客群以及领导层，所有员工应该了解企业战略以及使命，一切想法要以服务顾客为中心，最后，领导必须有针对性地促进人才的培养。

圆号的发展之路

团队中的圆号从一开始就处事缜密，是一名非常出色的规划者，是值得团队信赖的一员，别人拖拖拉拉不能完成的工作他会坚持做完。圆号的直觉也已得到了充分展现。但是初级阶段的圆号非常低调，人们很难注意到他，他也很少谈论自己的想法。圆号的神经也相当紧绷，在他的期望和现实之间隔着一条鸿沟。慢慢地圆号学会务实，也渐渐从幕后走到了台前。如果他能勇于谈论自己的灵感，那么就会成为团队中的引导高手。

内向、注重感受、具有批判思维，并且情绪较为紧绷的人通常会被圆号这个团队角色吸引。他和小提琴一起为团队注入了感受力。圆号相当注重感受、对压力敏感；他有点忧心忡忡，天生喜欢藏在人后。在一个高手的团队中，这种性格的人将学会更多地展现自己，并更好地控制自己内心的紧张情绪。他会把自己的直觉作为有用的资源来加以开发。而圆号总在担心事情会出这样那样的问题，这种担心在他成为高手后就转变为不假思索的质量意识。

圆号的发展关键点

- 学会应付紧张感！并不是一切事情都能如你所愿。学会容忍，学会泰然自若。
- 努力确保准确性和高质量！其他的队友常常缺乏耐心，你要帮助他们把工作进行到底！
- 告诉别人你的直觉感受！越是经常地使用你的预感，你就越会被当作“雷达”而受到大家的重视。

曲目 16

小提琴：凝聚者

> 我相信音乐的力量。对此我深有体会：我不仅在皮诺切特当权时期的智利，也在军政统治下的阿根廷演出过。我不后悔。完全不后悔。
>
> ——摇滚巨星斯汀

小提琴很合群，他感性又外向，具有团队精神。他热衷于与大家一起和谐演绎音乐篇章，他非常重视团队中的活跃交流和公平待遇。

小提琴的优点：

- 非常乐于助人
- 灵活应变、适应能力强
- 有良好的沟通技巧

小提琴的弱点：

- 决断能力和执行能力欠缺

● 绩效导向性差

作为团队中的小提琴，你的水平如何呢？凭直觉给自己的能力打分，分值范围为1～15。

1	2	3	4	5	6	7	8	9	10	11	12	13	14	15
新手					能手					团队高手				

小提琴新手

注重人脉、喜好交友，这就是小提琴新手的特点。他外向、主动，喜欢结交朋友。共同协作对他来说是最重要的事情。独自工作是圆号新手喜欢做的事，但对小提琴来说，这可糟糕透顶。在工作中他广泛开展与其他队友的合作，他还是个很好的听众，如果有哪位同事遇到了问题，遭受到打击，小提琴会先给他泡上一杯咖啡，然后再和他好好谈谈。小提琴不仅会与同事进行这一类的谈话，对和别人有关的所有事情他都愿意投入大量的时间。即使会占用上班时间，作为新手的他也不觉得这有什么大不了。他对效益和效率抱着怀疑的态度，觉得追求这些东西就会丧失人性。

小提琴常常是一个团队中灵魂般的人物。他关心同事，并维护着集体的团结。但是新手阶段的他表现得有些不谙世故，总想要一团和气，而这些可能会酿成大祸。即使在应该小心谨慎的时候，他也相信每一个人，因而他很容易上当受骗、被人蒙蔽。小提琴乐意服从他人、谦让他人。他灵活机动，适应性强。很多事情他都可以原谅。但如果他不小心的话，会被人当成容易利用的角色。

小提琴新手面临的挑战

小提琴总想要给所有团队成员做点什么。他认为所有人的价值都是一样的，但要想对每一个人都同样地好，就需要认识到每一个人的不同之处。不是所有的队友都有着相同的需求。比如低音提琴，他有时候想一个人安安静静地干自己的活；而鼓从来不会在闲聊上花费太多时间，这和小提琴正好相反。这些不同的地方小提琴都必须一一了解并给予尊重，这就需要有知人识人的能力。小提琴有些时候应该更加小心谨慎，能够信任别人是好事，但如果天真地去相信所有的人，就可能招来无妄之灾。

没有矛盾冲突的生活是小提琴最憧憬的，这当然不现实。小提琴应该学会把冲突作为自然而然的存在接受，并要相信，总是能找到有建设性的解决办法。如果每次碰到矛盾冲突都让小提琴觉得仿佛世界末日已经到来，那他就会错失解决矛盾的良机。一旦小提琴不再逃避，而是勇敢面对冲突，他就可以发挥自己的两大天赋：沟通能力和交际技巧。人与人之间的互不理解诚然会让小提琴难过，但他不能因为难过就麻痹自己，而是积极地鼓励、促进大家相互体谅。

小提琴新手面临的风险和隐患

在特殊的情况下，小提琴会显得很没有骨气。想要他坚持某件事情，就如同想把一块布丁竖到墙边。因而别人会觉得他胆小怕事、奉行机会主义，虽然他的出发点是好的。他希望人人平等，谁也不比谁优越。但是生活中的很多时候都必须清楚地表明自己的态度，没有自己想法的人，在团队中也不会受到别人的重视。小提琴必须学会坚持自己的意见，还要能承受不自在的感觉，承受团队中的不和谐。他可以继续忠实于自己，也不需要抛弃自己的社会观。

团队的愉快气氛对小提琴来说重于一切，这也能成为他的一个隐患。如果在一个团队中良好的气氛成为强制性的，那么矛盾就会被掩藏在表象之下，其危害因而会更大。碰到问题，伪装出友好的态度并不是解决办法。小提琴应该明白，经过风暴的涤荡又将迎来艳阳。如果小提琴采取积极的态度，就可以避开表面和睦的陷阱。建立和谐的关系也是一项工作，有的时候人际关系方面必须有所投入才能正常运转，等待并不是好办法。一旦小提琴明白了这一点，那么他的社交意识就会发展成为真正的社交能力。

小提琴新手的自我训练

学习处理各种冲突的技巧对小提琴新手是一项非常好

的训练。客观对待矛盾冲突，并认识到，总会有解决冲突的办法的，这些对小提琴很有好处。关于解决冲突的指南书籍可以帮助小提琴克服对冲突的畏惧。内容更深入的有托马斯·克里曼冲突模式应用工具（TKI），主要针对矛盾的诊断和解决。克里曼分析出五种可行的冲突应对方法，其中只有一种方法，即协作法，能真正长远地解决矛盾。

另外还有一项对小提琴很好的练习，那就是经常性地问一问队友们的感受，从而更好地了解他们各自的特点。值得一学的是卡尔·罗杰斯的主动倾听技巧。主动倾听的三大支柱是换位思考、展示真实的自我以及无条件地接受对方。对倾听本身罗杰斯也订立了一些规则，其中包括：眼睛要看着对方、没听明白的地方要问清楚、通过复述确认对方的话、让对方把话说完、留出间歇时间等。主动倾听有助于接受不同的观点，并保持平和的心态。

小提琴能手

小提琴能手积极维护着良好的团队精神。他坦诚率直，作为对别人工作的支持，他经常给别人好评。从前对别人的盲目相信已经转变为审视性的信任，而其他人也觉得小提琴正直、值得信赖。现在来找他的同事不再只是想发泄自己的牢骚，而是把他当作参谋和调解人。现在的他不再回避矛盾，而是有意识地运用自己的天赋解决矛盾。

小提琴能手展现出优秀的沟通技能，他运用自己的幽默感、分寸感和交际能力尽可能地创造良好的人际关系。他发挥自己的情商，点破团队中潜在的情绪。小提琴能手不会为了追求和睦而和睦，他已经学会以团队目标为导向。但是，结果从来都不是他最看重的东西，这同鼓和钢琴正好相反。人际关系方面诚然不能出问题，应该让大家都感到愉快自在，但这不再是以虚假的和睦为代价。

小提琴能手面临的挑战

增强自己的积极主动性依然是小提琴面临的挑战之一。他应该克服所有畏惧情绪，直接切入问题、戳中痛点。只有揭露问题，才能解决问题。小提琴可以学习直接点破矛盾，主动提出解决建议。圆号主要是对自己的压力有感觉，而小提琴却能很好地察觉别人情绪上的紧绷，因而他能很好地帮助别人消除紧张感，小提琴的这一行为是为了整个团队，而不是为了个别的队友。

要长期维护整个团队的良好状态，小提琴是再合适不过的人选。小提琴能手应该负起责来，积极参与，多提建议，维护大家身心健康。是不是有可以让全队参加的抗压力讲座？怎样健康饮食？一个企业应该提供哪些家庭活动？针对这样的问题小提琴一定能给出好建议。维护团队良好状态也包括把握限度：上级给团队施加的压力是不是过大？是否有不公正待遇？然后小提琴应该努力争取更好的工作条件。

小提琴能手面对的风险和隐患

即使到了能手级别，小提琴也常常磨蹭很久才会参与团队活动。这样一来，本可以做出重大贡献的他就可能延误了时机。拥有交际天赋的他犹疑不前的时候，矛盾可能就已经恶化了。当小提琴终于开口发言的时候，他应该注意，不要太过感性。诚然，他应该也可以制造良好的感觉，但团队的专业性和生产力不能因此受到损害，最终对团队有用的是业绩。要维持这个平衡对小提琴来说不容易，但随着时间推移他能掌控得越来越好。

因为小提琴的社会观，在他身上总是存在着为团队奉献过多的隐患，这可能最终会以沮丧和眼泪收场。小提琴偶尔也应该告诉自己：我也是很重要的！或者，现在该轮到我了！好好地关爱自己有时候对小提琴来说很难，他关注的总是别人，他也很难说“不”，即使是能手级别的他也觉得拒绝别人让自己很难受。但是慢慢地他将学会拒绝。始终不忘团队目标就能帮他做好这一点。尽可能地让所有人都简单轻松，那就很难实现目标。从不拒绝别人的人常常会错失良机。

小提琴能手的自我训练

钻研培训这一主题是对小提琴能手非常合适的一项训练。“培训是一门艺术，它主要牵涉到细心、小心和人性化。”德国最著名的培训师萨比娜·阿斯格德姆在她的著作中这样写道，她在书中列举了一个好的培训师应具备的各项能力，其中有以下几条：

- 感知事情的真相
- 反思
- 看透故事背后的伎俩
- 拟订未来行动的备用方案

按照美国作家罗伯特·哈姆林的定义，培训指的是提高已有的性能、能力或成绩，并促进个人的效率、发展或成长。参加培训课题的进修对小提琴能手会很有益处。

此外，小提琴还可以研究调解技能来提升自己调和矛盾冲突的能力。针对调解技能也有众多的进修课程。我在本书中建议过竖琴尝试 AI 技术，其实它对小提琴也是一项很好的练习。在练习过程中主要针对的不是要提出多少批评意见，更多的是关于如何加强自己的识人能力。

小提琴高手

作为团队高手的小提琴有着鲜明的个性。他知道自己的能力所在，他主动参与，并积极为解决问题提出建议。小提琴高手是高明的调解员、外交家和搭桥人。他有极强的感受力和识人能力。他很少成为集团首脑或是大型企业的领导，但是如果他坐上了领导的位置，他通常会把自己的领导任务定义为尽最大可能为所有员工提供支持。小提琴高手非常看重模范的企业文化和舒心的工作环境。他的特性就是解决问题、激活资源并调解矛盾。

小提琴高手经常会坐在人事部负责人的位置上。在人力资源领域中他是很让人信服的人力开发者，从而他与所有死板僵化的人事负责人有着明显的区别，后者更多的是在管理人事而不是在塑造人才。小提琴高手也常常从事培训、咨询和教练领域的工作，他最希望能在团队中工作并且为团队服务，比如在组织发展部门。此外，国际政治领域的顶级外交家也是为小提琴能手量身定做的角色。作为团队高手的他已经完全丢掉了天真单纯。他维护着和睦氛围，同时始终把注意力集中在有可行性的事情上。

小提琴高手面临的挑战

迅速的反应力是小提琴高手可以继续提高的一个方面。小提琴天生动作慢，不管做什么事都喜欢慢悠悠地来。在高级外交领域这通常不成问题，但是经济世界的节奏越转越快，团队的组合与打散也在转瞬之间。因此，今天的我们必须迅速发现并解决合作中存在的问题。小提琴高手可以继续训练自己，做到迅速了解形势、尽早弄清楚矛盾的原因并马上作出反应。

即使是高手级的小提琴也面临着一个棘手的问题，那就是立场坚定，坚持并捍卫自己的观点。一般说来小提琴很容易改变想法，没有团队角色会像他那样轻易妥协。高手级别的小提琴偶尔也该有点棱角，否则如果他成为领导也很难被大家认真对待。当所要捍卫的立场与自己的基本观念相符时，这让小提琴高手感觉最为轻松。因而有的小提琴热情洋溢地投身于争取机会平等或社会公正方面，并且能直言不讳。

小提琴高手面临的风险和隐患

积极主动能让小提琴受益。反过来说，这意味着消极被动就是一个隐患。即使是作为高手的他，在面对天赐良机的时候也往往磨蹭太长时间。他不太愿意带头，又或者他想和更多人先商量清楚，在犹豫磨蹭中机遇就这么流失了！有的时候一个人必须直接动手，拿走自己应得的并唤起关注，这同样适用于小提琴。在这方面他可以好好地向小号学习。偶尔凸显个人，而不总是隐匿在集体之中，这并不等于自大。

如果小提琴能手不谨慎、不显出骨气，那么他很可能变得投机取巧。在这种情况下，他从前对和睦的过分追求又会再次抬头。小提琴想要和团队一起“共赢”，这也是一种潜在的危险。在极端情况下，他会被老练的企业公关或是独裁政府的煽动完全麻痹，而事后他又会后悔自己太不当心。而摇滚歌星斯汀就是一个警醒而坚定的典范：在独裁国家中，只要他还觉得能接触到当地的人并且发挥自己的桥梁作用，他就会继续演出。一旦他开始担心自己被人利用，或者只能为政界高层演出的话（比如2011年在哈萨克斯坦碰到的情况），他就会取消演唱会。

小提琴高手的自我训练

多元化管理为团队高手级别的小提琴提供了很好的训练机会。多元化早就不仅仅局限于男女平等和少数民族的融合等主题，它如今的核心问题是：怎样创造性地利用差异？根据维基百科的定义，多元化管理所考虑的差异“一方面是从外表可见的差异，主要有性别、种族、年龄大小以及残疾与否等；另一方面指的是主观差异，比如性取向、宗教和生活方式等”。越来越多的企业把多样化看作创造与革新的源泉。针对这一主题，理查德·弗罗里达早在十年前就进行了开拓性的研究，并在他撰写的《创意阶层的崛起》（*The Rise of the Creative Class*）一书中阐述了自己的见解。

价值体系的不同是人和人之间的重要差异。因而，螺旋动力模式，即九级价值体系模式能帮助小提琴更好地理解人和社会体系。也许他甚至会开始对人类学和社会学产生兴趣。团队培训，也称为小组培训，是一项更为实用的练习。进行这项练习的不是个人，而是由大约15人组成的团队或小组。团队训练中的一些规则和技法有别于单人训练，它适用于项目组或管理团队。

小提琴的发展之路

小提琴与极其难以融入团队的吉他完全相反，他从一开始就是一个集体生活爱好者，因而他有着过分融入集体的危险。小提琴最希望的是能与团队共振，就像电影《阿凡达》中的纳美人，大家围成一圈，和谐共舞。小提琴会逐步认识到，冲突不仅无法避免，它甚至能推动团队的进步。小提琴也不再不计代价地服从他人，而是勇于发表意见，并发挥自己的天赋做一名搭桥人。

那些乐意服从别人的人会被小提琴这一团队角色吸引，至少在职业生涯的初始阶段会是这样。他们开朗、合群，但不太注重效率，在团队中也不太愿意引人注目。在中学里大多数的班级中都有这样的人，他们热心、合群，看上去没什么好胜心，总是友善，并且乐于助人。贝尔宾对小提琴的叫法是凝聚者，对小提琴来说共性的确高于一切。他们常常只是普通员工，成为高层管理人员的情况并不多。尽管如此，仍然应该鼓起勇气充分发挥、运用自己的潜力。

小提琴的发展关键点

- 积极干预！只有积极地充当调解员，你才能充分发挥自己解决矛盾的天赋。

- 明确自己的立场！好的折中办法是以鲜明的立场为前提的。
- 关注结果！良好的感受固然重要，但它不是一切。效率和效益也是职业生活的组成部分。

第五篇

终曲：梦之队

SPITZENTEAMS
DER ZUKUNFT
so spielen virtuosen
zusammen

现在该你采取行动了，即兴组合一支团队吧。在此之前你需要做好一些准备，首先你需要跨越团队认识的七大误区，同时你要避免染上团队的五大通病，4C模式将帮你和团队产生免疫力。你和团队成员将相互信任、群策群力、全情投入，实现共同的目标，并不断挑战共同的新目标。

曲目 17

通向顶尖团队之路

> 我们从来没作过长远规划。一切都是有机地发展成现在的样子。所有的事情看似都能极其精准地加以计算，但事实并非如此。
>
> ——摇滚乐手、皇后乐队成员罗杰·泰勒

我面前的这名女士年纪在五十岁上下，友善、开朗，让我一见便心生好感。“我是这里的团队负责人。”她这样介绍自己。我们正坐在位于阿姆斯特丹近郊的一家职业学校里。她的团队指的是其他的男女老师们。她的职业在荷兰不会引起太多人羡慕，因为该职业学校位于失业率高、文化差异问题频发、日常犯罪率也偏高的一个城区之中，该学校也不可避免地折射出该地区的各种社会问题。而我面前的这位女士完全不打算听天由命。她想要做出改变。不过她说：“这可真难。”我问她：“你们的团队有多少人？”

“我们一共40人。”她答道。我吃了一惊。

“你们40个人想要怎么合作？”我又问。“你们的共同目标是什么？”

“同事们做各自的事，”她谨慎地说道，我似乎触到了一个痛点。“我们的目标是，让所有学生都能毕业。每个同事都尝试用自己的方法来实现这一目标。”她犹豫了片刻，又接着说：“团队中有些人确实能够有所作为，而另一些人是已经从业二三十年的教师，他们没有干劲了。这可真难……”

和我交谈的女士是一名团队负责人，然而她的队伍远不能被称为团队。

团队一词已然变成了一个无所不能的词汇，大家把各式各样的含义都往这个大容器里扔。最近我参加了某企业的一次活动，他们的CEO对300名汇聚一堂的员工们说道：“同胞们，我们是一支强大的团队！”真的吗？抱歉，300人是不能称为团队的。把他们称作“全体职工”、“各大部门”或是“管理层”等都请便，但别说他们是团队，不然随便一群因为某个工作内容而走到一起的人都可以算作团队了，这样一来团队这个概念就完全失去意义了。按照我的理解，由40人组成的教师队伍也不是团队，尽管这支队伍的协调人员把自己称为团队负责人。在我们探讨通向顶尖团队的道路之前，我想先澄清几个广为流传的关于团队话题的误区。以下是我的观察所得：

误区之一：团队可大可小

一支真正具有走向巅峰潜力的团队，通常由 5～8 人组成。也许你会问：为什么不是 10 人？或者 12 人？我知道，你说的这几个数以及其他许多的数目都能从文献中找到渊源，有的甚至能追溯至古罗马时代，在当时的军队中十进制的数字有着特殊的意义。但是我们说的未来团队并不是由当权者领导的队伍，而是具有日渐增强的高度自主自控性的队伍。多于 8 人也并非不能被很好地操控，这的确是事实。但是真正的合作能力是什么样的呢？

在实验中，有着共同任务、自发组织的团队展示了以下特点：当人数超过 6～8 人时，就会开始形成非正式的小集体。这些小集体的形成可能是基于相似的个性或者同样的知识背景。当超过 9 人时就难以让人人都发言和表决，因为那会耗费太多时间。此外在大集体中，外向的人总能先找到听众，而内向的人很少或者完全不能。而在小集体里可以更好地顾及全体人员，并能达成一种平衡。5～8 人是一个团队的理想人数。当然，有的时候也可以调整。

内观

你的团队有多少人？

误区之二：所有自称团队的组合都是团队

目标造就团队，没有目标就不成团队。名片上写着团队负责人，这远不足以说明手下的员工就是一支团队。一群在管理层的监督下做着相同或相似工作的人，不过是一个集体或者一个组织单位等。在一个真正的团队中有着一个共同的目标，只有通过团队成员的共同努力才能达成这个目标。这个目标首先确保了团队各人的共同合作。如果团队要完成一个高难度的目标，那么达到目标的最佳捷径就在于不同人才的组合。相应地，永远的顶尖团队也不存在，一切都取决于当前的目标。你会把维也纳交响乐团成员请来开一场摇滚音乐会吗？即使交响音乐家们竭尽全力，恐怕也很难一蹴而就成为顶尖摇滚乐队。不同的目标需要不同的才能，这就必须由不同的团队角色来实现。

内观

你的目标是什么？这个目标需要团队协作吗？

误区之三：拼凑可用人手也能组成团队

在我的第一本书《团队交响力》中就已经提到过：把

正好闲置的人手拼凑成一支队伍，这很少能达到理想效果。遗憾的是，我所了解的大多数企业都是这么做的。当需要组织一支项目队伍时，企业领导就会想，从哪里可以抽出哪些人塞进来。在将来要想组织一支顶尖团队，就不能延续这种“谁有空谁就是人手”的思维方式，而应该思考，怎么根据自己的目标在任意时间内整合适当的人才。

内观

你现在和将来的团队需要什么样的人才？

误区之四：一个人可以同时服务于多个团队

当今越来越多的员工同时隶属于不同的团队。据我观察，管理人员有时候甚至要花费大半天时间从一个会议奔赴另一个会议。不管在哪里他们都觉得自己是团队的一员，然而他们却常常难以回忆起某个团队上一次的会议内容。事实上，我们的精力只能在少数的人、事以及相关问题上实现真正集中，因此大多数的人也只会和一个人结婚、组建家庭，经历过太多次婚礼的人很容易就浮于表面。在真正的顶尖团队中，所有成员彼此之间有着紧密的互动。他们把冲突转化为生产力，互相学习，彼此支持。这绝非易事，因此同时隶属几个团队，就一定会降低工作效率。

内观

你现在同时为几个团队工作?

误区之五：团队的思路应该和管理层保持一致

我经历了太多这样的事情：管理者组织了一支团队并给予它一定的自由。而当团队成员利用这一自由寻求比管理层更好的思路时，他们的想法不断地被否定。真是荒诞，团队的创造力完全被抹杀，只因为上司出于某些虚荣的原因而禁锢了他们的思想。老板觉得，最妙的主意必须是由他自己想出来的，大家不可以偏离由管理层划出的基准线。而我要说：顶尖团队一定要有叛逆性！他们渴求新创意，不在乎创意出自谁手。不妨试试这样：偶尔组织一个团队，该团队的唯一任务就是找出目前企业战略的漏洞。一家荷兰的连锁超市甚至定时让企业管理系学生“破解”自己的战略和流程。他们展开了一项“24 小时挑战赛”活动，公司因为这一活动留意到一个有效补货的 IT 项目，然后引进了这个项目，因此节约了大把的时间和金钱。

内观

你的企业允许叛逆吗?

误区之六：等级＋职能＝效益

团队的组建在很多情况下仍然只片面地考虑职能和等级角色。比如，是需要一名主任，还是两名工程师，或者一名助手？我们当然不能完全把等级角色排除在外。但是梅瑞狄斯·贝尔宾清楚地证明了，团队的最大效率来自正确的团队角色组合。关于等级制度能确保效益的这一误区，我在医疗卫生行业见证过一个极典型的例子：一家大型护理机构想要节省资金，为实现这一目的，他们任命了数百名“团队经理”，每人手下有一支 10 人的“团队”。这些所谓团队经理的任务不过是督促自己的同事减少开支。使用的方法也相当老套，其中包括督促大家节约用水、少用肥皂等。不出所料，效果糟糕透顶，除了搞得大家很不痛快，没带来任何成效。很多老资历的员工辞职走人，因为他们不愿意突然接到上头的一纸规定就不得不依照指示完成工作。在真正的团队中，不管是把降低成本定位为目标还是共同实现这个目标，都是一个轻松的过程。这样的团队是不可能由监督者和被监督者来组成的。

内观

在你的团队中级别和职能是不是比才能更重要？

误区之七：对团队成员区别化地进行评估和奖励

共同完成一个目标，却得到不同的薪酬，这样的状况能和平地维持多久？在顶尖团队中每一个成员的地位都同等重要，因而不应该出现薪酬不同的情况。很多人会说：在足球俱乐部里不也是这样吗？里贝里年薪达上千万欧元，罗本每年400万欧元，舍普夫只有20万欧元。而这些人都效力于同一支球队。在体育界市场价值决定一切，但在企业中并非如此，这两者没有可比性。在企业中是由领导来决定下属的贡献价值，问题就是从这里产生的。有哪些企业开展过团队反馈讨论会？大家共同工作，但是业绩必须单独地由领导来评定，这就造成了薪酬的不同。在体育界个人报酬的差异是由市场化过程决定的，而企业中的同工不同酬却是由权力体制造成的。这就引起了失衡，于是人与人之间的矛盾暗自发酵并给团队业绩带来影响。未来顶尖团队会重新思考薪酬这一主题。企业也要自问：CEO的报酬真的应该是普通员工的2 000倍吗？他们真的完成了2 000倍的工作？

内观

你是如何给团队成员支付报酬的？

读到这里，你也许对“真正”的团队有了和我基本一致的理解，我还能给你列出第八条误区，即“顶尖团队是可以一蹴而就的”。我更愿意这样来表述：团队是能够、必须，也可以自我发展的！我在前文中对单个乐器的描述也同样适用于团队：团队作为整体也有新手、能手和高手的区别。如果团队聚在一起的时间较长，它可以朝着好的方向发展；但即使团队在不断地重新组合，队员们也可以为打造顶尖团队而不断努力。

什么是顶尖团队？

我这样定义顶尖团队：一个拥有 5～8 名成员的小组，大家围绕共同的目标发挥各自的才干，共同承担实现目标的责任。这个共同的责任也包括了共同为犯下的错误负责。所有成员都积极认真地发展自身，同时还互相支持。

怎样判断一支队伍是不是顶尖团队？它与一盘散沙有什么不同？在两者之间还存在哪些阶段？通过哪些特征可以判断一支队伍运转很差、良好，甚至优异呢？这就是我们接下来要讨论的内容。

散沙队伍：1+1=－1

有的团队动转得很差，从真正意义上来说它们根本算不上团队，而他们自己还对此毫无意识。这样的一盘散沙似的队伍随处可见：清洁队、销售组织，甚及董事会等。下面的例子让人震惊，也让人发笑，那是我所见过的薪酬最高的散沙队伍。这个队伍里的小伙子们都有漂亮的教育背景，大多数人有 MBA 学位，年薪 50 万欧元外加分红。他们就职于美国的某个技术公司，自称是该公司的“欧洲管理团队”。他们肩负着共同目标的各项责任吗？几乎没有。每周二他们与身在美国的 CEO 进行一次电话会议。——现在的这位 CEO 已经是五年中换上来的第三位了，一旦连续出现季度业绩不佳的情况，他也必须马上走人。CEO 就像老师检查学生家庭作业似的逐一查问所有团队成员。问话内容大致如下：

CEO：“说吧，你们的数据是多少？”

经理：“都在我昨天发给你的电子邮件里。”

CEO：“我想听你亲口说。”

经理：“100 万欧元。”

CEO：“这不够。我需要 120 万欧元。”

经理：“这个……”

CEO：“要实现 120 万欧元的话，你有什么办法？”

此时这位经理用他的手机自拍了一张照片，画面是他精疲力竭地趴在桌上。他把照片发给所有参加电话会议的成员，除了 CEO。

CEO：“你们笑什么？有什么可笑的？该死的！”

你也不妨一笑。好一队散沙！这些高薪酬的管理人员活像一群面对班主任的中学生。我是通过那位经理认识了这个小组，而他本人在之后不久就辞职了。这我很能理解。走人之前，他还必须出席一次评估谈话。谈话在米兰进行，在乘坐两个小时的飞机之后这位经理抵达该市，面见了一位自称为人力资源负责人的美国女士。总之，这位女士对公司当前的情形完全没有概念，但是对管理人员的业绩评定任务仍然要由她来完成。她针对不同情况询问了一些问题，这些问题的答案她本来可以直接从季度总结汇报里读到。半个小时之后，这位经理中断了谈话，他感觉自己被耍了——的确如此。

我想你一定也见识过类似的队伍，至少听说过。一个还处在绝对新手阶段的团队通常具备以下特点：

● 团队中要么矛盾频发，要么完全没有矛盾。长期的争吵和完全的和睦都是不良征兆。我见过很多半吊子团队，他们总说：在我们这里一切都非常好，从来没出过问题。但是没有问题也意味着没有挑战、没有发展、没有成长。有的团队似乎能够毫无问题地自我运转，但这恰恰是相当危险的。

● 新手团队不喜欢拿外界来衡量自己，他们活在自己的世界里，眼里只看得见所谓的真实。因而他们几乎意识不到自己在做什么，也不知道该怎么做才能不落后于其他人。相应地，这种团队的成员一旦受到外人的批评或修正就很容易受伤、生气。

● 对目标没有反思。共同目标并未被看作公认的前提，又或者是曾经被提到一次以后就不再受关注。新手团队很少或者从不审视自己目前离目标还有多远。对于什么时候必须修订、更改目标，他们讨论得太少，或者从不讨论。

● 大家对彼此的优势没有确切的了解，因而也无法互相促进各自的才能。人才往往并不是大家的话题，所有焦点都集中在职能、等级角色以及当前任务上。

● 如果团队中产生矛盾，这些矛盾并没有建设性。争吵很有破坏性。大家通常只为自己着想，同事间甚至可能会有欺凌、恐吓现象发生。因为矛盾得不到解决，问题就会长期潜伏、酝酿发酵。在这样的团队中，常常会有某些禁忌或者争议性话题，新人很快就能意识到，在这里什么该说什么不该说。

● 发展滞后的团队没有共同的声音。如果和单个的成员谈话，他们可以开诚布公。但是在集体中他们会保持沉默，甚至是开始争吵、互相指责。有的时候大家的发言混乱无章、没有意义。最后可能会有一位正式或非正式的领导出来说一句：够了！大家照我的意思去办！所谓小组互动也可能变成大家联合起来为失败找借口。

● 一遇到艰难的境况，马上就产生不信任感。每个人开始保护自己，收集弹药，武装自己。错的总是别人。最后的一点信任也往往在危机到来时消磨殆尽。然后大家把目光投向了等级体制：哪个领导该对此负责？这人应该下台！

这种情形你可能常常在政坛听到。

很多年前，我曾给一支销售团队进行过培训，或者应该说，我试图进行培训，当时就出现了很多上文描述的糟糕情况。这群人的特长就是找借口。如果他们的销售成绩欠佳，那么他们就总是抱怨产品、公司。所有人都认为需要培训的并不是他们，而是老板。至于训练什么的，最好不要！我跟着他们拜访过客户，我发现，与客户的谈话进行得相当糟糕，而关于这一段我却没办法和他们好好讨论。所有人都说：这样进行谈话挺好的。客观对比在他们看来似乎没有必要。他们对目标的定义是：想办法卖点东西，这不就是咱们的目标吗？

关于一盘散沙的话题就说到这里吧！我提起这个话题的本意是想不留情面地对发展滞后的团队做一些披露。如果你见过这样的团队，或者你自己的队伍也存在着上面描述的这些问题，那么你该知道，现在的你还任重道远。幸好，团队是可以通过练习得到改善的！请不要忘记本书前三章里说过的话：团队必须要不断促进个人的训练和发展，并将之转化为生产力！

能手级团队：1+1=2

我曾经在服装行业某家族企业的高层结识过一支能手级别的团队。多年来这支管理队伍一直同舟共济，成为团队高度发展的典范。该公司由一对夫妻于 20 世纪 70 年代创立。这对夫妻还先后共开设了 15 家大型分公司。在 20 世纪八九十年代公司不断壮大，他们的两个孩子成年之后也进入了管理层。后来这一家人又把为公司服务多年的一名员工聘为物流经理，从而组成了一支五人管理团队。

最初的阶段，公司的大小事务都基本遵循等级制度，决定权在夫妻二人手中。渐渐地，这种独裁形式发生了变化，最终所有团队成员享有了同等地位。大家一起讨论工作目标，一起享受成功，共同承担失败。同时各人的能力也在继续发展，演化出不同的角色：丈夫属于用数据事实说话的类型，财务、数据和增长率这些东西是他的天地；妻子专攻采购，她能敏锐地预见到下一季什么货品会受欢迎，手中也掌握着最佳货源；而女儿富有创造力，负责构思各种客户活动、关注网上流行趋势，并且让公司始终保持清新的形象；儿子则是真正的“钢琴”，他是一名全能管理人员，负责打理一应事宜；而物流经理作为专业人才则完美地填补了这一家四口的不足，在服装行业，物流的完美对成功起着决定性作用。

这支五人管理队伍是一支真正的团队。他们非常了解各自的能力，并且步调一致，多年来他们不断为共同协作投入大量的精力。公司特别重视教育进修，其目的就在于为每个岗位培育出最优秀的人才。如果说在初始阶段还存在着等级区分和官僚体制，那么现在就要尽可能地让各个分店就地做出决断。大家一起分享成果，共同庆祝成功，相应地，员工的积极性也不断高涨。这支由几代人共同组成的团队还有一个特点，就是对新鲜事物总是抱着开放的态度。公司成立尽管已经超过40年，但却出人意料地成功赢得了年轻目标群体的青睐。公司会参加各种音乐节，还通过社交媒体开展精彩的活动。

能手级别的团队到底强在哪里？下面列举了几个关键点：

- 团队不仅允许矛盾的存在，更会化矛盾为生产力。创意性的矛盾解决方法广受欢迎。在矛盾冲突中没有绝对的胜利者与失败者，双方共同吸取经验教训。过分的一团和睦是可疑的。

- 对于成功有清晰的界定。批评性的反馈意见很重要。不论何时大家都应该了解团队当前的状况，都应该并允许讲出让人不舒服的真话。

- 要共同制定目标、定期讨论目标，如果有需要，也可以对目标提出质疑。达成目标后，大家共庆成功。

- 才能比等级更重要。团队成员越来越了解自己以及其他队友的能力所在。教育进修受到重视；团队注重潜力的开发；允许有特殊能力的人承担特别的任务。

- 对外，团队拥有共同的声音。意见的分歧在内部解决，而不在外人面前显露。共同决定的事情也共同来分担。

- 团队中充满信任。大家明白，有好的阶段也有艰难时期；获得成功，大家会一起欢庆；面对失败，也必须共同承担。

● 团队日益焕发出积极向上的精神面貌并感染着其他人。比如，一支能手级别的管理团队会让员工振奋鼓舞。大家乐意分享知识，成功的团队会帮助别的团队。

听上去不错吧？你的团队是这样的吗？那么你现在大概会好奇，顶尖团队还会在哪些方面更上一层楼呢？

顶尖团队：1+1≥3

我非常想举一个顶尖团队的具体例子，遗憾的是，这样的例子还非常稀少。本书命名为《顶尖团队》也是不无理由的。而在现阶段，所有达到了能手级别的团队都应该感到自豪。正如我们才刚刚朝着新经济迈出了第一步，团队的发展也还有非常大的空间。我时常接触到一些接近顶尖的团队。荷兰某银行的管理队伍就是其中一例，在这个队伍里，团队角色间的平衡曾经几近完美。团队众人共事三年之后解散，因为其中三名队员接受了别的企业提供的晋升机会。

在这支银行管理团队的三年协作期间，首先让我感受到的是他们的坦率和诚恳，这在当今非常少见。对话从来都开诚布公，没有禁忌，也不会文过饰非。关键的一点是，队员们彼此之间只论事不对人，大家不会互相伤害。他们的基本态度是：摆明事实，大家一起研究，然后共同决定下一步该做什么。即使事实让人不快，也没必要追究过错在谁，因为实际情况已然无法改变，重要的是必须拿出对策来！在这支团队中，完全没有害怕丢脸、担心被谴责这回事。如果在团队对话中产生新的好观点，队员们随时准备调整自己的立场。

从某种意义上来说，这样的团队是没有冲突的，但这又和新手团队中的那种表面和睦不同，任何事情都不会被掩盖起来。分歧是理所当然的，并会被摊开来加以讨论，这样一来队员们不再觉得它是“冲突”。因为意见的分歧从来不会被拉到个人的层面上来，所以也不会产生负面的情绪。这些团队没有冲突，但是有“碰撞”，也就是能产生积极的创造性能量的团队摩擦。只因为有了这样的人际关系，如今随处可见的职业压力在这支队伍里已然成为过去，这让我印象尤深。

我常常会想起这么一段往事：我和妻子杰奎琳在 20 世纪 90 年代初共同建立了咨询培训公司 Cat Consultants；后来培训师珍妮特、约翰和扬的公司又与我们共同创建了 SDCT 品牌，SDCT 这个缩写代表的是“Some Dream Come True”。关于这个名称的有趣来历我曾在上一本书中讲到过，我们这群培训师的确在那段时间里觉得自己就是一支梦之队。对几乎所有能想到的客户我们都能奉上适合的方案；团队角色之间的互补也极其理想。我们的办公地点分布在荷兰全国各地，我们之间甚至从来没签订过合作协议，一切都不过是击掌为盟。然而我们的合作无往不利，因为我们能涵盖全部的团队角色，并且定期开诚布公地相互交流。不仅如此，我们还绝对地信任着彼此。

对于我所描述的这些顶尖团队，我想你一定有过类似的经历。也许你的团队曾经长时间地做到了尽善尽美，这样经验就为未来的团队建设奠定了基础，也许你是新经济世界的先锋者，对团队的能力以及个人的发展有着某种预想，这往往就足已带来很大影响。这样的预想让很多人念念不忘，直到某一天他们终于找到能让真正感受心流体验的环境。

顶尖团队的特点

1. 碰撞代替冲突：有意见上的分歧完全是理所当然的。团队有效利用分歧，大家就事论事、心平气和。

2. 极度地开诚布公：不隐瞒任何事情，说话不会兜圈子、顾左右而言他。不再害怕因为犯错而被人指责。

3. 一切围绕着目标和人才：对每一个目标都有相匹配的人才；反过来说，相应的人才致力于适合的目标。

4. 不言而喻的信任感：能坦诚地讨论信任话题固然很好，但是在顶尖团队中完全没这个必要，因为一切事情都自然而然地以信任为基础。

5. 心流体验：在顶尖团队中会越来越频繁地产生真正的心流，一切事物似乎都顺理成章、水到渠成，相互间的协调既自觉自发又简单轻松，工作气氛异常良好。

6. 人人平等：团队成员们地位完全平等，没有正式或非正式的等级存在，外向的队员也不会在内向队友面前占支配地位。

7. Jam 工作法：办公室里有人抛出一个想法，其他人接着这个思路继续深入，顶尖团队通过这样的方式取得进展。

8. 酬劳共享：取得成功后被奖励的是团队整体，而不是单个队员，做出同等贡献就得到同等的奖金。

本章绝对不想给大家造成一种“顶尖团队难以企及”的印象。诚然，顶尖团队如今不过刚刚崭露了一点苗头。我们现在看到的不过是大家在非正常环境中作出的正常反应。成为高手的路途是一条由小小步伐积累而成的漫漫长路。我只能鼓励大家迈出自己的第一步；熟能生巧，不管对个人还是团队来说都是一样。所以，千万别停止练习，这就是高手的秘诀。

回顾

- 一支真正的团队拥有 5～8 名成员，他们有着共同的目标，要完成这个目标就需要大家发挥各自的才能。
- 从新手成为能手再走向高手的历程不仅仅适用于担任各个团队角色的个人，也同样适用于作为整体的团队。
- 顶尖团队如今还很稀少。在这样的团队中充满着坦诚和信任，这让团队能够真正产生心流体验。

曲目 18

顶尖团队的即兴式合作模式

> 对我而言爵士乐是一种生活方式：大家即兴而奏，但是遵循着某种模式。这样一种生活态度我觉得很难诉诸语言。
>
> ——爵士乐手黑尔格·施奈德

你听说过生态负债日吗？加利福尼亚非营利组织全球足迹网络（Global Footprint Network）每年都会计算这个日子。从这一天开始，人类当年对自然资源的需求就超过了地球资源的再生能力。1987 年的生态负债日是 12 月 19 日。人类在这天之前消耗的全部资源地球可以再生恢复，比如排放的二氧化碳会通过海洋上空以及森林再次转化为氧气和碳。而这一年余下的 12 天人类则在进行过度开发。

1995 年的生态负债日已经提前到了 11 月 21 日；五年后，即 2000 年，负债日是 11 月 1 日；2005 年是 10 月 20 日；2009 年是 9 月 25 日；而 2013 年为 8 月 20 日。地球再生能力有限，而我们每年都要消耗半个地球的资源。我们达到超载上限的速度越来越快。如果继续下去，从 2050 年起，我们每年将要消耗两个地球的资源，这些资源又该从哪里来呢?

不管这种计算方法究竟有多高的准确度，但这个逐步提前的生态负债日给出了一个强烈的信号，那就是变革在所难免。我们面临两种选择：瑟瑟发抖地把头埋进沙子里，或是开始迈出小小的第一步，即使我们还看不到征途的全貌。你会如何抉择呢?

“我们不需要 Sheople，我们需要叛逆者。”我的好友，未来研究专家、趋势观察家托尼·波斯玛这样说过。“Sheople”，即“Sheep-People”，指的是和绵羊一般听话而愚笨的人，我们的经济和社会体系长久以来培育出一大批这样的人。比起前方的深渊，这一群羊更害怕的是狼。托尼·波斯玛所说的叛逆者，指的并不是激进的革命者。一夜之间改变一切的极端做法恐怕会引发更多新问题，反而不能好好解决新问题。我们所需要的叛逆者是创新者、新思想家和勇敢的改革者，他们愿意每天做出一点小行动，他们像你我一样，不再满足于把希望寄托在别人身上，无论是政治家、组织机构还是大集团，而更愿意从自己出发，从现在做起。他们是勇者，发挥自身的才干并激励着身边的人。这样的人就是未来顶尖团队的萌芽，通过这些开创性的顶尖团队我们将获得通往可持续性经济的转机。

但是创新在当今到底意味着什么？一提到创新我们首先总是习惯性地想到技术上的革新。自从工业革命以来，技术的进步一度是经济发展的最强引擎。毫无疑问，今天我们仍然希冀着技术上的创新。以再生能源为例，这方面的技术仍然处在蹒跚学步阶段。而汽车工业在期待着更好的蓄电池和充电站，以便让电动汽车能不受限制地长途行驶。我曾想要订购一台特斯拉，但是它低于500公里的续航里程无法满足我工作的需要，因而我目前驾驶一台百公里油耗5升的混合动力车。如果能有一台让我行动不受限制的电动车，我一定会马上购买。

诚然，技术的创新仍然是必要的。但是我们正在经历一场悄无声息的革命，很多人甚至完全没注意到：社会性革新的重要性早已超越了技术性革新。人们对社会性革新的理解主要是能带来社会进步、使企业创造更多效益和价值的新型沟通与合作形式。在荷兰，政府就此开展了一项研究。研究中一共调查了11个顶尖经济产业的1 600家企业，结果令人震惊：当今的创新成果中只有23％是建立在技术创新基础之上的，77％的创新成果是社会革新。企业社会革新最重要的领域包括：动态管理、自我控制型团队、“智能”工作机构以及持续性人才培养和教育深造。

不要担心，放声高唱。

——鲍比·麦克菲林

尝试新事物的时刻已经到来。我们应该抛却恐惧，以信任为基础行动起来。在旧经济世界里，我们不得不一次次地寻求信任；而在新经济世界中，信任是起点。没有信任就没有 Jam 式工作方法。信任意味着团队中的我们渗入彼此、共同冒险，哪怕并不清楚等待我们的会是什么。这就需要我们放弃一点自我。以上这些就是本书最后一章的中心内容。我为所有对这些冒险感兴趣的朋友们开发了一套直观的模式，它是对 Jam 式工作方法的一个说明，我称它为 4C 模式，即比较（compare）、连接（connect）、投入（commit）、合作（cooperate）。如果用英语发音读出“4C”，听上去很像“foresee”（预见），而这个模式的确与对未来的预见有密切联系。

4C 模式：消除团队五大通病

在我的第一本书中，我引用了美国机构顾问帕特里克·伦乔尼在其著作 *The Five Dysfunctions of a Team* 中提出的理论。伦乔尼像医生那样给团队的五大通病下了诊断：缺乏信任、害怕冲突、干劲不足、拒绝承担责任以及对业绩漠不关心。对我而言，这些“通病”中最严重的始终都是对业绩的漠不关心。我们都习惯于必须先往我们的关系账户上“存入”，然后才可以“提取”。而在未来的团队中情况则会不同。在团队组建阶段，成员不会再耗费很长的时间彼此试探是否能相互信任，并给予何种程度的信任。如果我们学不会立即信任每一个人——非盲目性的，那么未来顶尖团队中的 Jam 就无法成功。

我曾经问过自己，与伦乔尼的诊断相对的积极概念可能会有哪些？一支健康团队的五大积极功能会是什么？从这些问题中我发展出了 4C 模式。

没有共同的目标就不成为团队，这句话你在本书中已经读到过。执行团队目标这句话你可以很字面化地加以理解：在一支自我调控、没有传统等级制度的团队中，管理人员的位置被目标取代。因而关于目标的讨论要比从前更细致具体——从前有疑问时可以问问老板下一步该做什么。未来的顶尖团队对目标的研究将是前所未有地频繁和周详。这将是一个密集的过程，再不会有人轻易地说“我们需要增加 10%”，然后其他人直接点头同意。更多的时候必须不断制定新的目标、不断适应挑战。应该允许所有的团队成员不断对目标提出质疑；目标必须让人人都清楚明了，并且人人应该认识到每个目标的意义所在。

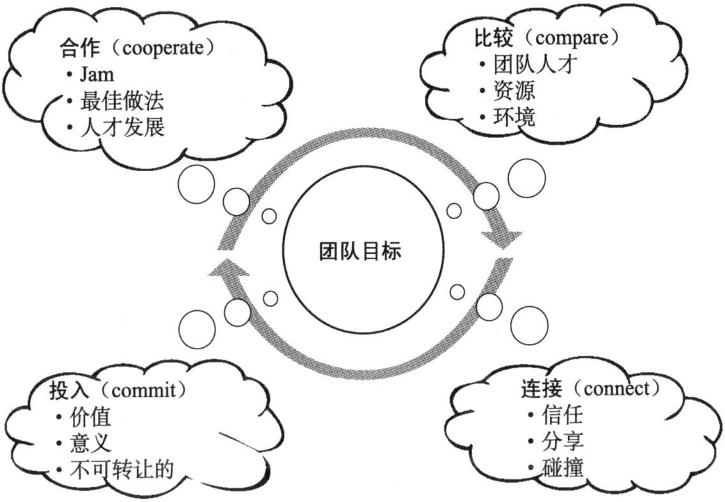

图 3　未来顶尖团队的 4C 模式

第一个 C：比较

比较（compare）恰好是我们人类时刻都在做的一件事：我们在比较各自的办公室、开的汽车、个人收入、各自伴侣的魅力，等等。这种类型的比较有时会带来帮助，有时却着实可笑。不管怎么说比较都是日常生活的一部分。而 4C 模式涉及的首先是从个人才能方面进行的比较：有哪些人才可供我们使用？有哪些人参与进来了？为实现团队目标，每个人可以贡献什么样的力量？在这样的比较过程中，坦率是非常必要的，这对现在的一些人来说还很需要适应。在过去的岁月里我们学会了在职业生涯中美化自己，我们从职场指南类的书籍中学习各种技巧和手段，通过夸张、粉饰让自己光鲜夺目。“拥有多年经验”、“曾任领导职位”之类的字句此起彼伏，尽其所能吹嘘个人的能力。这一切我们现在都要统统忘掉，未来需要的是朴实的真相。

真实才会换来赏识，尤其是那些不同寻常、内容丰富的真实履历。如果有人愿意花两年时间周游世界而不是在职场上拼杀，那么在个人履历上也无须隐瞒这两年，他也许从中积累了有用的经验，从而能为团队提供极大的帮助。想要了解情况是不是这样，就需要完全的坦诚。感谢社交媒体让我们逐渐习惯了坦率对人，从来没有这么多人向公众展示自己的生活。而这一类的事情在将来会是自然而然的。今天的青少年就已然不太在意互联网隐私，他们只是在利用新的可能途径，这有时显得有些幼稚，但却显示了未来的趋势。

团队需要发掘发现所有的才干和经验，潜藏的天分尤其具有吸引力。有一种在培训中被普遍使用的方法可以用于发掘潜藏的天分：首先写下你的一项或多项较大的成功经历。因为什么样的事你曾经赢得过热情的鼓掌？什么曾带给你无比的快乐？你在哪里体会过心流现象？请尽可能详细地加以描述，每个细节都有用。不要单纯地陈述事实，而要把你当时的感受写进来。然后你再和一位培训员或者一个小组一起分析你写的东西。分析结果大大出人预料的情形经常发生，一个人在团队中常年接受和完成的任务并不一定就与他最大的才能相吻合。团队应该学会探讨大家的愿望、设想和梦想，也同样对它们加以比较，这样将产生全新的观点。

除了对团队中个人的能力进行比较之外，还有一些其他的比较形式。接下来的比较就是将个人才能和团队目标进行比照：我们能够凭借团队现有的人才实现既定的目标吗？这个问题在传统经济世界中并不重要，因为很多事情都是由上级定出指标，然后下级员工思考如何完成这一目标。而未来的顶尖团队会设法让目标和人才完全匹配。在有的情况下需要修改目标，而有的情况下则需要进一步开发人才，或是激活个别成员的第二团队角色。

最后一个比较针对的是资源和环境：可用的时间有多长、资金有多少？针对某个计划到底有没有相应的市场？相关的法律规定有哪些？对这一类问题的答案都是重要的实战检验。一个团队中，即使成员全部是天才型理想主义者，并且他们还担任着最为匹配的角色，但如果基础条件不具备，那他们也是难以实现目标的。这里仍然需要毫无粉饰的完全坦诚。如果这项比较的结果良好，那么期望就会清楚明了。但是仍需注意的是：不管是这个 C 还是模式中其他的几个 C 都不能简单地一锤定音。团队中一切事宜都要定期加以检验。

第二个C：连接

连接（connect）是一项自然的基本法则，无论是化学上的合成反应，抑或动物界伴侣的结合、群体的形成都是如此。我们人类的身体是由50万亿个细胞结合而成，这些细胞相互之间以一种高度智慧的方式进行着交流。连接有的时候很容易形成，有的时候只有在高压之下才会产生。在团队中也同样如此：在某些条件下人们轻轻松松就走到了一起，他们组成的团队甚至很快就能有效运作。能完全顺畅运作的团队当然非常少，未来的团队知道这一点，也预料到会有碰撞，作为一种有创造力的矛盾冲突碰撞将巩固连接。用积极、有建设性的做法处理分歧和差异，这是团队真正着力于连接的重要标志。未来的顶尖团队是有包容性的。包容也意味着能够将矛盾对立转化为生产力。

一个懂得“碰撞”的团队会揭露矛盾，而不是掩盖矛盾。我前不久与荷兰贝尔宾机构的几位同事开会，讨论的是我们发起的贝尔宾儿童项目。会议开得毫无进展，大家相互间十分友好，一心只想做得更多更好。突然，主席罗伯·克罗恩说了一句：“够了！我们大家就不要再拉小提琴了！”大家都笑了起来。罗伯接着说道：“我们最好换个视角。”他想把分歧摊到桌面上来。我们一直以来都在努力求同，但要想取得进展，就必须马上开诚布公地讨论相异的观点。罗伯知道，在有的情况下必须激发出“碰撞”，绝不能掩盖矛盾。不得已的时候，甚至需要找人负责揪出矛盾。

信任是团队连接的基础。充满信任的地方会允许碰撞的发生，矛盾分歧不会被看成危害团队和睦的因素。在充满信任的地方，人们会重视彼此的意见。今天我们的自我（ego）往往是这副样子：我说得对，我总是对的。这个自我想利用他人来成全自己的升迁，甚至认为自己可以一个人干好所有的事。而在未来的团队中，人人都要丢掉一部分自我，以便巩固连接，即“from ego to we go!”这意味着要始终把他人的看法摆在同等重要的地位，要超越年龄、出身、级别和生活方式的不同来发现他人的才华，要把共同的目标放在个人利益之前。还有，要请求他人的帮助，也要接受他人的帮助。

抛却一部分自我最终也意味着奉献和分享。这话可能有些人不爱听，但就像所有正常的家庭都离不开奉献牺牲、共同分享那样，缺少这些能力的顶尖团队也是无法设想的。连接意味着能抛却某些东西以便大家更好地前行。今天的许多管理人员以后会放权，在未来将越来越多地由整个小组做决定。为团队做出牺牲的方式也可以是暂时放弃自己最想要的团队角色。比如说，某人最愿意在团队中担任的角色是吉他，但小组里还有远比他更具创造力的同事，而全能型钢琴对团队眼下的目标来说更为重要。那么放弃，至少是暂时放弃自己心爱的吉他，转而承担起不那么喜欢的钢琴一角，这就是一种牺牲。对这一牺牲的补偿就是共同的成功，成功最终将由大家一起分享。

团队要时常问问自己：我们之间的连接处于怎样的状态？它是否依然存在？它是不是牢不可破？同事间的信任呢？我们的信任是依然无极限，还是依然四分五裂、亟待重建？从团队是否愿意尝试、敢于冒险可以看出队员之间是否团结一致、团队工作是否与目标以及社会环境紧密结合。彼此连接的团队用开放的态度对待不同的人以及新的形势，当遇到与体制不相匹配的人时，它们会好奇，而不是质疑。它们很有耐心，它们甚至会“窥探”别人的长处，愿意等待未被发掘的特长崭露头角的一天。只有当大家愿意为彼此多花时间，才会产生团队的融合连接，特别是在团队初始阶段。我这里所说的并不是通常意义上的团队组建，我指的是多花时间来进行对话、观察和交流。这都是有效的时间投入，最终也会有所回报。

第三个C：投入

投入（commit）意味着全力以赴。投入是一个包罗万象的词——它出现在很多人的口头，人人似乎都对它有不同理解，但达成共识的就是，付出、努力和责任对一支顶尖团队来说是不可或缺的，而所有这些都蕴含在投入这个词中，并带有一份浓烈的情感。热情的投入和冷漠的疏远是互不相容的。大家当然不能全都去扮演鼓的角色，并不是每一个人都愿意情感外露。但是在顶尖团队中低音提琴和竖琴也都是在用心工作，即使他们不曾用高呼口号来表达自己实现目标的热情。

我通常喜欢讲一个故事来为听众解释什么是真正的投入，20 年前，这个故事感动了世界。1994 年 5 月 1 日在圣马力诺大奖赛上，巴西赛车手埃尔顿·塞纳因事故与世长辞，事故的具体原因至今未能查明。那个时候的塞纳在巴西是民族英雄般的人物，他去世的消息震惊了全国，即将于当年 6 月 17 日在美国举行的世界杯足球赛甚至也因此蒙上了一层阴影。在这样的情况下，巴西足球国家队喊出口号：夺取世界冠军，向埃尔顿·塞纳致敬!

数百万名巴西人深受感动地从头到尾参与了国家队的这次特别行动。球队在每场比赛之前都要提醒自己，大家是为了纪念谁而征战本次世界杯大赛。球员们围成一圈互相加油鼓劲，这种加油形式后来在足球赛中广为流传。最后的决战关头，巴西与意大利以点球决胜负，每当自己的队友准备射门时，场下的巴西队员们就手挽手站成一排，球员们这一自觉自发的动作被一直仿效至今。最后巴西队以点球击败对手成为世界冠军。

从这个故事中可以发现大量的鼓动人心的要素：有激发原因、有重大意义、有情感因素，还有强烈的精神要素，那就是所涉及的是比个人利益更伟大的东西。这种伟大打动着心灵，它让人们思考更高远的东西，而不是只关心个人收入、分红或是增长量这类问题。忘我的投入是要让所有人都说一句："我要参与！"参与进来的人，最终会经历心流感受。有的人超越了自我，能力也可能有了意想不到的提高。但是，团队中的投入不允许成为盲目的狂热。热情与经常性的自我批评并不互相违背，而是彼此互补。

在敬业的团队中总会有一些基本的共识，那是共同的、无可争议的价值观和信仰。这种无可替代性除了建立起信任之外，还为大家的全力以赴打下了基础。比如在军事突击部队中，不惜一切代价、立即救助受伤的战友，这就是无可争议的共识之一，这些共识是人人都可以相信并依靠的。在普通的情况中也存在无可争议的事情，比如要确保每个花钱购物的客人都能满意，或是让每一个产品都能提供真正的使用价值等。顶尖团队会付出大量时间和精力讨论共同的价值观并达成基本共识。

说到忘我投入的团队，我首先想到的并不是足球队、特警队或者是心外科医疗队，这些都是典型但也颇有特殊性的例子，通过这些例子大家可以一眼看出关键所在。谈到最大程度的投入我会想到一家名为"Happy Italy"的餐馆，这是我家的孩子和朋友们经常聚餐的地方。这家餐馆在蒂尔堡、鹿特丹等城市都开有分店，敬业的团队以迅捷的速度、实惠的价格为顾客提供美味可口的意大利佳肴。主菜价格 4.85 欧元起，对广大学生来说也是可以承受的。

和意式快餐连锁店 Vapiano 不同的是，在这里顾客无须自助，餐馆提供的是全方位服务。在这家精心装饰又不失俏皮的餐馆中，年轻的工作人员为年轻的客户群体热情服务，显然自己也乐在其中。需要我们全力以赴去做的事情，并不一定非得是争夺世界杯或是抢救生命这样的大事，如果出发点正确，那么让朋友度过一个美好的夜晚这类小事就已足够。

第四个 C：合作

合作（cooperate）在未来首先意味巧妙地即兴发挥并享受这一过程。在未来的顶尖团队中，人人都明白，没有谁光靠自己就能够实现目标，以信任为基础的合作存在于方方面面。如何完成工作、到底有必要做哪些工作，这一类的问题在将来会越来越多地由大家协商决定。团队自主制定目标，然后自我调节调控，死板的流程介绍即将成为过去。成效在合作中产生。以信任和无可争议的共识为基础，就能够不断进行新的尝试。

Jam 过程中最美妙的一点就是享受当下。在 Jam 演奏会上所创作的音乐是独一无二的，它就产生于当时当地，演奏者们进入心流。顶尖团队在工作中也能够这样。队友们融为一体，抛开个人的期望并能摆脱已有纲领、计划的束缚，修改它们、完善它们。在真正的合作机制中，团队成员不会让积累的专业经验成为自己唯一可以依靠的东西，因为所谓的专业经验从来都来自于对过去问题的解决方案，现在和未来不一定会出现与过去类似的问题。

与常规的专业经验相比，相互交流最佳实践方法（best practices）更为重要。每个队员都拥有哪些经验？可以从中学到什么？在旧经济世界中，知识经验的交流往往不是件容易的事。“知识就是力量”这句话普遍通用。碰到疑问时，知道的更多的人在竞争中就更具优势。知识早已能够转换为财富，比如顾问知识。谁想获取这部分的知识就必须付钱。单纯的知识在新经济世界里的价值会越来越小，通过互联网和大数据，大家都拥有了获取知识的相同渠道，知识只有在与他人的合作当中才会具备生产力。而最宝贵的知识则来自于共同的经历，这些最佳实践方法要记录下来并让其他人能够查询，记录形式可以是知识库或者企业百科文库等。

合作也时常意味着促进彼此才能的继续发展。进修很重要，但更重要的是从每天的合作中学到新东西。把有意识的学习与定期的反馈讨论加以结合将取得最佳效果。在我们从前的培训公司每周五都要开会，详细讨论这一周的工作哪些做得好、哪里还存在问题，我们大家能从中吸取什么样的经验教训。在真正充满信任的团队中，队员们还会公开自己的败绩，好让其他人从中吸取教训；对失败他们不会缄口不谈或者文过饰非。还有一点也很重要：要把外部反馈——尤其是顾客反馈——考虑在内。

你们大可以把我叫作空想家，但我不是唯一的一个！

——约翰·列侬

放声高歌，纵情演奏

“不要担心，放声高歌”（Don't worry，just sing），这是鲍比·麦克菲林的一句名言。更广为人知的则是他的名曲《Don't worry，be happy》，但那句“just sing”时常出现在麦克菲林的演出中。他在一次采访中谈到过原因：我想让听众放声高歌，不管唱成什么样都行。在本书结束之际，这句“放声高歌”所包含的正是我想为你送上的全部祝愿。开始纵情演奏吧！尝试新的东西，但不要有过大压力。要不断练习你的乐器——也就是在八种团队角色中你最想成功扮演的那一个。

我时常有机会站上舞台作即兴演出，这对我来说是件非常快乐的事，也是一份大礼。在为节目做准备的时候，我首先会与客户商量，他对我的工作有哪些期待，我的听众是怎样一个群体，他们眼下的情况和气氛又是什么样的。当我站在舞台上时，我会通过观众的临场反应决定这一次应该怎么做。经过多年的实践，现在我能够凭直觉感知下一步应该做什么。当然，有的同事演讲之前会细致研究每一个细节，这也无可厚非。对我而言，即兴发挥才是重点所在。我最着迷的是眼前这一刻所产生的东西，不然我总会有倦怠无聊的一天。我衷心祝愿你也能获得成功，一路高歌！

我梦想着这样一支团队

- 在那里不再充满恐惧。
- 在那里我们共同做出的一切都很有意义。
- 它允许我们轻松地转换角色。
- 在那里，等级不再重要。
- 在那里我们纯粹地享受着彼此的并肩作战。
- 它叛逆而创新，它要创造一个可持续的世界。
- 在那里大家了解彼此的才华并发挥发展。
- 在那里包容性的思维取代了排他性的思维。
- 它总是能奏出打动人心的乐章。

延伸阅读

触点管理：互联网+时代的德国人才管理模式

2014 年度德国管理类图书 No. 1，《新智囊》2015 年度最有价值经管图书，海尔大学员工在线课堂分享课程。互联网时代，公司内部员工与组织和领导之间接触点的数量直线上升，任何真相都无法对员工隐藏，任何一个触点上的不利因素，都会被迅速传递出去，对企业可能产生无法挽回的影响。本书提供了一种新的管理理念和方法，帮助你管理好每个内部触点，提升员工在任一触点上的感受质量，增加其对企业的好感，赢得其粉丝般的忠诚，激发其自主开展有利于企业的创新与协作，并成为企业积极的代言人。

云端的员工：互联时代的用人模式与新商业生活

对于超负荷工作的创业者、自由职业者、微商及各类小微企业主而言，既想完成更多工作，又想拥有更多可支配时间，在这个互联时代，是有可能的。本书为你打造了一套完美的实践路线图，手把手教你如何借助虚拟员工来创业或拓展事业，从寻找、聘请到培训、激励和管理虚拟员工，再到各种所需的终极资源，书中提供了你需要了解的所有细节。你只用完全照着去做，就能让自己从百事缠身的"苦逼"状态中解脱出来，集中精力去做最重要的事。

互联网生态：重构商业规则

国内唯一系统讲述互联网生态的著作，企业转型互联网生态的首本实战指南。互联网生态时代已经到来，阿里巴巴、乐视、腾讯、小米都在争先恐后构筑互联网生态体系，未来的商业竞争将是生态系统之间的竞争。本书呈现了互联网生态时代企业转型的主要形式和新商业模式，系统分析了当下互联网生态竞争态势和未来进化趋势，全面涵盖制造业生态、服务业生态、农业生态、金融生态、社交生态、内容生态，包含了乐视、阿里巴巴、腾讯、小米、罗辑思维、海尔、红领、唯品会等大量当下热门企业案例。

Published in its Original Edition with the title
SPITZENTEAMS DER ZUKUNFT: SO SPIELEN VIRTUOSEN ZUSAMMEN
by RICHARD DE HOOP

图书在版编目（CIP）数据

顶尖团队/里夏德·德霍普著；李琪译．—北京：中国人民大学出版社，2016.9

ISBN 978-7-300-22969-0

Ⅰ.①顶…　Ⅱ.①里…②李…　Ⅲ.①企业管理-组织管理学　Ⅳ.①F272.9

中国版本图书馆 CIP 数据核字（2016）第 131635 号

顶尖团队

——交响乐团式合作模式

里夏德·德霍普　著

李琪　译

Dingjian Tuandui

出版发行	中国人民大学出版社		
社　　址	北京中关村大街 31 号	**邮政编码**	100080
电　　话	010－62511242（总编室）		010－62511770（质管部）
	010－82501766（邮购部）		010－62514148（门市部）
	010－62515195（发行公司）		010－62515275（盗版举报）
网　　址	http://www.crup.com.cn		
	http://www.ttrnet.com(人大教研网)		
经　　销	新华书店		
印　　刷	北京联兴盛业印刷股份有限公司		
规　　格	148mm×210mm　32 开本	**版　　次**	2016 年 9 月第 1 版
印　　张	8.5 插页 2	**印　　次**	2016 年 9 月第 1 次印刷
字　　数	148 000	**定　　价**	45.00 元